NETHERLANDS ❖ UNITED KINGDOM ❖ AUSTRIA ❖ GREECE

BACK TO THE BOOKS
SEASON 2

장동건의 백 투 더 북스 2

AWARDS

〈장동건의 백 투 더 북스〉는
그 어느 곳에서 만날
나의 미지의 연인에게 띄워 보내는 편지다.

- 2021년 해외 우수 공동제작 대상에서 대상 수상(방송통신위원회)
- 2021년 제54회 휴스턴국제영화제 필름 다큐멘터리 부문, 플래티넘 레미상 수상
- 2020년 NHK 토요일 저녁 황금시간대 방영, 다큐멘터리 시리즈로는 독립제작사 최초
- 2019년 방송콘텐츠대상에서 최우수상 수상(과학기술정보통신부)

CONTENTS

6
머리글

8
프리젠터 장동건의 〈백 투 더 북스 2〉

26
네덜란드편
〈디자인의 도시에서 책에 빠지다〉

74
영국편
〈서점, 영원한 숨결을 얻다〉

120
오스트리아편
〈오래된 책의 정원을 거닐다〉

162
그리스편
〈신화의 땅, 인문학의 꽃〉

206
〈장동건의 백 투 더 북스〉 시즌3 소개

PREFACE

삶의 지혜는 바로 책과 서점에 있다

"천국이 있다면 그것은 서점의 모습을 하고 있을 것이다."
-호르헤 루이스 보르헤스

많은 분들의 관심과 성원에 힘입어 2년 만에 〈장동건의 백 투 더 북스〉 두 번째 책을 출간하게 되었다. '디지털 시대에 책과 서점은 아직 유효한가' 라는 화두를 던졌던 이 시리즈는 중국, 프랑스, 일본, 한국의 서점(시즌1)을 거쳐 본격적인 질문을 위해 유럽 서점으로 떠났다. 즉 시즌2는 네덜란드, 영국, 오스트리아, 그리스의 서점을 방문했다. 돌이켜보면 2022년 3, 4월 방영한 다큐멘터리 〈장동건의 백 투 더 북스〉 시즌2는 이른바 팬데믹과의 전쟁이었다. 제작 기간 2년 5개월 동안 15개 유럽 도시의 명문 서점과 독특하고 매력적인 서점, 총 30곳에 이르는 서점을 취재했다. 영국의 경우, 최악의 코로나19 상황에서 취재팀이 5일간의 입국격리를 마친 후 런던을 비롯해 잉글랜드의 안위크, 스코틀랜드의 위그타운과 애버펠디까지 다양한 지역을 취재할 수 있었다. 1년 동안, 무려 3번이나 촬영 일정을 연기한 끝에 네덜란드와 그리스 촬영도 마칠 수 있었다. 네덜란드는 암스테르담, 마스트리흐트, 데벤테르 지역을 2020년 3회와 2021년 장동건 프리젠터 출연까지 총 4회에 걸쳐 촬영했다. 가장 쉽지 않은 것은 시즌2의 대미를 장식한 그리스였다. 그리스에서 아테네 촬영이 끝난 다음 날, 예정된 산토리니섬으로 촬영팀이 떠나자마자 20년 만의 대폭우가 3일간 내렸다. 폭우로 도시가 마비되고, 유적들이 홍수에 잠기는 것을 보고 정말이지 아찔했다. 연일 취재와 촬영 스케줄을 걱정했다. 설상가상으로 촬영 일주일 전부터 지진이 발생한 미노스 문명의 크레타섬까지 모든 일정이 쉽지 않았지만, 운이 좋게 계획했던 모든 촬영을 무사히 마칠 수 있었다.

이렇듯 〈장동건의 백 투 더 북스〉 시즌2를 위해 다양한 취재와 촬영을 했지만 다큐멘터리가 가진 시간(러닝타임)의 한계로 인해 다 담아내지 못한 이야기들이 있다. 그래서 단행본 〈장동건의 백 투 더 북스〉 2권을 통해 못다 한 이야기를 담고자 했다. 다큐멘터리와 단행본을 함께 보신다면 더 많은 것들을 발견하실 수 있으리라 자부한다. 또한 아름다운 모습으로 탄생한 2권이 올해 가을 방영 예정인 〈장동건의 백 투 더 북스〉 시즌3의 가교 역할을 해주기를 기대해본다. 이 기회를 통해 30년 동안 인디컴을 지지해주셨으며 TV 조선에서 시즌3 방영을 결정해주신 홍두표 회장님께 감사드린다.

2023년 2월, 〈장동건의 백 투 더 북스〉 시즌2가 일본 NHK에서 토요일 오전 11시, 황금시간대에 절찬리에 방송되었다. 독립제작사 인디컴이 NHK에서 시즌제 다큐멘터리로 또 하나의 이정표를 세운 것이다. NHK에서 방영된 일본 버전을 재제작한 일본 공동제작사 IAW의 오타 신이치 대표에게 먼저 감사를 드린다. 이 서점 여행에 프리젠터로 동행한 장동건 님과 무한한 기쁨을 같이 나누고 싶으며 가장 큰 고마움을 전한다. 함께한 김종서 팀장과 김지니, '네덜란드'와 '그리스' 편에서 한국 최고의 다큐멘터리 현장 연출자임을 증명한 조진 감독, '영국' 편으로 물오른 연출력을 새롭게 보여준 최규석 팀장, 백경민 PD와 어려운 여건 속에서 좋은 영상을 만들어준 김한성, 김경철, 조문희 촬영감독을 비롯해 박채정, 오정요, 박시온 작가와 김규현 크리에이터, 임지민 사진가 모두에게 깊은 감사를 드린다. 조연출 김주혜, 관리팀장 김명숙, 항상 지켜주시는 김진철 선배님 역시 빼놓을 수 없다. 그리고 감각 있는 디자인팀과 전종혁 편집장, 끊임없이 조언을 해주는 윤인호 감독과 스튜디오 반의 이강선 대표, 〈가화만사성〉 영화팀의 권남기 감독과 염동복 프로듀서 등 가족으로 함께하는 응원의 격려가 가난한 내 가슴의 불꽃이 꺼지지 않도록 지펴줌에 감사드린다.

2023년 8월, 장동건의 NHK 종합편 촬영을 일본 도쿄에서 끝낸 후, 저녁 자리에서 장동건과 대화를 나누면서 너무나 흐뭇해하셨던 미야모토 타카시(宮本 隆) 사장님께 특별히 감사 인사를 드리고 싶다. 〈1923〉(인디컴이 제작하는 간토조선인학살을 다룬 다큐멘터리)의 코디네이터인 일본의 조화행 대표가 소개해준 이분은 1949년생이신데, 정중히 인사를 드렸을 때 내게 흔쾌히 친구로 지내자고 제안해주셔서 진심으로 기뻤다. 2주 후에 다큐멘터리 〈1923〉 주제가를 맡은 가수 김현성과 함께 미야모토 사장님을 도쿄에서 다시 만날 때 인디컴을 위한 후원은 구체화되었다. 더욱이 2025년경 제작에 들어갈 영화에 공동 제작자로 투자를 약속해주셔서 천군만마와 같은 큰 힘이 되었다.

양어머니 이민자 님, 음악감독인 이영애와 이현주, 구세군 연희교회의 김종선 사관님, 이보탁 사관님, 가톨릭문화원의 박유진 신부님, 아들의 길을 밝혀주시는 하나님께 이 책을 바친다.

2023년 10월
다큐멘터리 감독 김태영

장동건의 백 투 더 북스 2

Once you learn to read, you will be forever free.

책과 함께하는 동안,
당신은 영원히 자유로워질 수 있다.

유럽의 진화하는 동네 서점에서
종이책이 사라져가는 시대를 진단하고 성찰합니다.

책과 독자 사이에서 발생하는 친밀함은
상상할 수 없는 경험을 공유하고 유대 관계를 형성합니다.

독서가 불러일으킨 기분 좋은 상상과 잠깐의 일탈은
우리를 다시금 출발점에 서게 만듭니다.

책과 서점의 미래를 발견하는,
세상에서 가장 아름다운 행보를 장동건과 함께합니다.

특별한 서점 여행을
당신과 함께 하고 싶습니다!

"그리스 크레타섬에 방문한 기억은 여전히 강렬하게 남아 있습니다.
거리의 악사와 함께 조르바 춤을 춰보기도 했고, 책 주인공이 된 듯한 기분이었어요.
어릴 땐〈그리스인 조르바〉의 내용이 잘 와닿지 않았는데 다시 읽으니
자유로운 영혼에 대한 동경 같은 게 젊은 시절과는 또 다르게 다가왔습니다.
위대한 작가 니코스 카잔차키스 무덤을 찾아 그에게
〈그리스인 조르바〉책을 선물했습니다.
〈인정사정 볼 것 없다〉촬영 당시 이명세 감독님이 주신 선물입니다.
자신의 책이 한글로 번역되어 후배 세대가 읽을 거라는 걸 당시엔 예상했을까요?
젊은 시절 조르바를 읽던 나와 지금 그의 무덤 앞에 있는 나를 향해
카잔차키스는 어떤 말을 해주고 싶을까요.
'나는 자유다'라고 새겨진 묘비명을 바라보며 많은 생각이 들었습니다."

2023년 9월
장동건

BACK TO THE BOOKS

SEASON 2

Netherlands

네덜란드

디자인의 도시에서
책에 빠지다

풍차와 튤립의 나라, 네덜란드의 책 사랑은 유별나다. 네덜란드 사람들이 도서 구입에 사용하는 가계지출비용은 유럽연합 평균의 약 두 배에 달한다. 특이한 것은 도서 구입의 절반 이상이 오프라인에서 이뤄진다는 데 있다. 이는 다른 유럽 국가들에 비해서도 상당히 높은 수치다. 변화무쌍한 디지털 시대에 왜 네덜란드인들은 아직도 오프라인 서점을 고집하고 있을까. 네덜란드의 고풍스러운 서점들이 그 이유를 알려준다. 수도원의 교회였던 공간이 710여 년의 시간을 거쳐 마침내 서점이 된 곳을 먼저 찾아간다. 네덜란드 남부의 마스트리흐트에서 출발해 암스테르담과 데벤테르로 서점 여행은 이어진다.

DOMINICANEN   도미니카넌

DOMINICANEN

+ **Add** Dominicanerkerkstraat 1, 6211 CZ Maastricht
+ **Business Hours** (월) 10:00~18:00 (화, 수, 금, 토) 9:00~18:00 (목) 9:00~21:00 (일) 12:00~18:00
+ **Email** info@boekhandeldominicanen.nl + **Website** libris.nl/dominicanen

NETHERLANDS — MAASTRICHT — **DOMINICANEN**

"책과 함께 토론하고 대화하는 것,
바로 거기에 우리의 미래가 있습니다."

-톤 하르머스

"단순히 서점이나 교회가 아니라 둘의 조합에 있습니다. 이곳에서 편안함을 느끼고 바쁜 일상을 내려놓는 것입니다."
도미니카넌만의 차별점에 대해 톤 하르머스 서점주는 '고객의 행복'을 내세운다.

마스트리흐트Maastricht는 벨기에와 독일 사이, 네덜란드 최남단에 위치해 있다. 인구 12만 명이 사는 작은 도시로 가톨릭 문화가 발달한 중세도시의 모습을 여전히 간직하고 있다. 4세기경부터 로마인 정착지가 있었기 때문에 가톨릭 문화는 이 도시의 역사에서 매우 중요한 역할을 해왔고, 마스Maas강이 도시를 가르고 있어 16~17세기 전쟁 시기에 요새 기능을 했다. 마스강 위로는 13세기 말에 지어진 성 세르바스부르크Sint Servaasbrug 다리가 있는데 신시가지와 역사적 유적을 간직한 구시가지를 잇는 이 아치형의 석조 다리는 마스트리흐트의 아이콘으로 사랑받고 있다. 네덜란드에서 가장 오래된 도시인 이곳에서 1992년 유럽연합EU 탄생을 알리는 마스트리흐트 조약Maastricht Treaty이 체결되면서 전 세계인들에게 한층 친숙해졌다.

　마스트리흐트의 중심가에는 네덜란드 종교를 상징하는 건축물인 고딕 양식의 붉은 시계탑이 돋보이는 세례자 요한 교회Saint Jan's church, 로마네스크 양식의 성 세르바티우스 바실리카Basilica of Saint Servatius 등이 조화를 이루고 있다. 마르크트 광장Markt square 부근에 본래 이름보다 '천국의 서점'이라는 애칭으로 더 알려진 서점이 있다. 중세시대의 교회가 서점으로 탈바꿈한 곳이다. 그동안 '이곳은 천국의 서점이다' (〈가디언〉, 2008), '세상에서 가장 아름다운 서점'(〈론리 플래닛〉, 2011), '세계의 10대 서점'(BBC, 2014) 등 지속적으로 세계 유수 언론의 주목을 받아왔다.

천국의 서점이라 불리는 곳

평일 아침 9시가 되면 어김없이 서점이 문을 연다. 서점 애호가라면 이곳의 문이 열리는 아름다운 순간을 결코 놓쳐선 안 된다. 거대하고도 육중한 철문이 열리는 순간은 감동 그 자체다. 흡사 중세의 성으로 들어서는 비밀의 문처럼 보이기도 한다. 처음 방문하는 이라면 누구나 이 서점 안으로 들어왔을 때 말이 없어지고, 높은 천장을 바라보며 한 방향으로 전진하게 된다. 동선이 이끄는 대로 회랑을 따라 걸어 들어가다 보면 어느덧 서가의 중심에 있는 자신을 발견하게 된다.

언제나 최고의 평가를 받아왔던 서점. 실제 들어와보면 그 찬사들이 비로소 실감이 난다. 무엇보다 웅장한 고딕풍의 아우라가 우리를 압도한다. 도미니카넌을 특별하게 하는 것은 단연 이 고딕 양식의 건축물이다. 이 건물이 지어진 것은 1294년. 무려 729년의 세월을 이겨낸 숭고함의 상징이다. 처음엔 도미니코 수도회의 교회로 시작했고, 서점의 이름도 거기에서 유래했다. 이곳에 서점이 들어선 것은 2006년이다. 이 건물은 서점이 들어서기 전에도 마스트리흐트와 함께 호흡한 소중한 문화재였고, 지금도 역시 문화재다. 서점 자체가 문화재인 흔치 않은 장소다. 훗날 서점으로 용도가 변경되었음에도 건물은 교회였던 시절의 구조를 고스란히 유지하고 있다. 서점의 정중앙 가장 깊숙한 곳에 자리 잡은 건물의 중심부, 옛 제단이 있었던 곳이 특히 눈길을 끈다. 그 제단의 자리에는 커다란 십자가 모양의 테이블이 놓여 있다. 이 서점에서 휴식을 취할 수 있는 카페다. 흔히 카페에서 느낄 수 있는 아늑함뿐만 아니라 경건하고 숭고한 분위기가 감돈다. 문을 연 지 채 한 시간도 지나지 않아 카페는 사람들로 가득 찬다. 중세시대 신에게 경배를 올리던 곳에서 오늘날 사람들은 차를 마시고 책을 읽고 대화를 하며 일상을 즐긴다. 교회의 제단으로 신자들의 시선과 기도가 모이듯 자연스럽게 사람이 모이는 공간, 어찌 보면 현대의 제단인 셈이다.

이 서점을 찾는 이용객은 1년에 약 100만 명 정도다. 조그만 중소도시의 서점을 세계적인 서점으로 만든 주인공은 톤 하르머스Ton Harmes. 그는 이 고장 출신으로 누구보다도 고딕 양식의 건물을 자랑스러워한다. "우리는 지금 네덜란드에서 최초로 만들어진 고딕 양식의 교회를 걷고 있습니다. 고딕 양식의 특징은 사람들에게 많은 빛을 선사할 수 있는 공간 설계라고 할 수 있는데요. 빛이 많이 들어올 수 있도록 창이 무척 큽니다. 많은 창문도 볼 수 있습니다. 이 점이 고딕 양식의 매우 중요한 특징입니다. 그리고 아치형의 구조를 볼 수 있습니다. 아치형 구조는 상당한 무게를 압축된 힘을 받아 지탱할 수 있도록 만든 구조물로 두꺼운 벽이 더 이상 필요 없게 되었지요. 사람들에게 상당히 중요한 것이 빛과 공간이라고 생각했습니다. 어둠에서 이곳에 들어오면 '와우' 하고 놀라면서 숨 쉴 수 있는 공간을 만든 거죠. 교회 내부에 그림들이 그려져 있는 것을 볼 수 있습니다. 이곳 교회에는 아주 특별한 벽화들이 있습니다. 그 벽화로 인해 건물이 더욱 아름답게 느껴집니다. 항상 그 그림은 사람들에게 뭔가를 설명합니다. 벽화는 내부를 아름답게 하는 목적만 있는 것이 아니라, 그림으로 사람들에게 뭔가를 말하고자 합니다. 그 시대에는 글을 읽지 못하는 사람도 많았기 때문에 벽과 천장에 그림을 그려 많은 것들을 말하고자 한 것입니다. 이것이 바로 고딕 양식의 힘이며 이 건물의 분위기를 특별하게 만듭니다. 큰 책장도 이 넓은 공간에서는 아주 작은 일부일 뿐이라고 느껴집니다."

천장까지의 높이는 20여 미터. 고딕 성당의 아치형 천장, 궁륭^{vault}에 1618년 무렵 천장화가 그려졌고 2006년 다시 복원되어 하늘 위의 구름 묘사를 생생히 볼 수 있다. 북쪽 복도의 벽에는 네덜란드에서 가장 오래된 중세 프레스코화의 잔해가 남아있다. 1337년에 제작된 이 벽화는 도미니코 수도회의 수도자이자 스콜라 철학자로 명성이 높았던 토마스 아퀴나스$^{Thomas\ Aquinas,\ 1225-1274}$의 생애를 담았는데, 2011년부터 벽화 위에 디지털 프로젝트를 사용해 그림의 원래 이미지를 추정할 수 있도록 영상을 투사하고 있다. 이렇듯 변색되고 풍화된 그림 조각들이 수백 년, 시간의 무게를 짐작하게 한다. 세월의 흐름을 간직한 채 서점으로 변신한 교회는 안식을 누리기에 최적의 장소다. "손님들이 말하기를 '어제 서점에 갔었는데 책을 사러 간 게 아니라 잠시 휴식하러 간 거였어'라고 했습니다. 사람들은 이곳에서 편안함과 휴식을 느낍니다. 바깥에서 무슨 일이 일어나는지 감지할 수 없습니다. 천둥번개가 치는 것도 모릅니다. 모든 게 조용합니다"라며 하르머스 서점주는 말한다. 여전히 사람들은 오래된 도미니카넌 교회의 느낌을 간직하고 있다. 더 이상 교회가 아니지만 이곳을 찾는 이들의 마음 한구석에 자연스럽게 고요와 평화가 이어지고 있다.

NETHERLANDS ― MAASTRICHT ― **DOMINICANEN**

옛 제단이었던 공간에 놓인 커다란 십자가 모양의 테이블. 카페로 변했지만 여전히 영적인 분위기가 느껴진다.

"고딕 교회의 특징으로 빛과 공간을 들 수 있는데, 공간을 커 보이게 하는 데 빛이 중요한 몫을 차지하고 있습니다. 흥미로운 것은, 큰 책장들이 건물의 규모를 작게 만드는 것이 아니라 크게 만든다는 점입니다." 서점주는 신비로운 공간에 대해 설명한다.

도미니카넌 서점에 오면 언제든지 다양한 행사에 참여할 수 있다. 〈백 투 더 북스〉가 방문한 날, 트럼펫 소리가 울려 퍼지고 오랜 중세의 공간으로 아이들이 밀려오는 것을 볼 수 있었다. 1년에 한 번씩 정기적으로 마련되는 서점의 행사인데 이른바 '어린이 책 주간'이다. 한쪽에선 동화책 사인회가 한창이다. 저자의 사인이 담긴 책을 소유한다는 건 아이들에게도 각별한 경험이 될 수밖에 없다. 그렇게 아이들은 책과 스스럼없이 가까워진다. 말 그대로 서점에서 열리는 아이들의 축제다. 서점을 가득 채웠던 아이들이 모두 돌아가고 나면 서점은 다시 고요해진다.

반면 독자들을 위한 작가와의 대화가 시작되면 뜨거운 열기가 흐르기도 한다. 마침 스웨덴에 사는 작가가 도미니카넌의 초대에 흔쾌히 응했다. 〈개와 함께한 하루 A Day in the Life of a Dog〉로 2020년 네덜란드 최고의 권위를 자랑하는 리브리스 문학상 Libris Literature Prize을 수상한 작가 산더 콜라트 Sander Kollaard가 방문했다. "(스웨덴의) 어둠이 아주 깊지요? 맞아요. 그러나 여름은 상당히 다릅니다. 정말 해가 긴 여름입니다. 그리고 겨울은 진짜 겨울입니다. 어둠이 긴 겨울이지요. 그러면 작가에게 영감을 많이 줄 것 같아요. 잠자기에도 좋아요." 잠시 북유럽의 계절 이야기를 늘어놓는 모습을 볼 수 있었다. 이런 행사가 1년에 150여 개 정도. 이삼 일에 한 번꼴로 열린다. 작가와의 대화는 물론 전시회나 강연회, 그리고 음악회 등이 수시로 열리고 있다. 지역사회에서 일종의 문화센터 같은 역할을 도미니카넌이 담당하고 있는 셈이다.

도미니카넌은 해마다 150여 개의 프로그램을 진행한다. 파티를 즐기거나 강의나 토론에 참여할 수 있다. 심지어 춤추고 노래한다. 안 되는 것이 없을 정도로 다양한 경험을 할 수 있다.

"친구가 살기 때문에 마스트리흐트에 정기적으로 방문하는데 기회가 되면 이 서점을 꼭 방문합니다." 작가 산더 콜라트는 언제나 감탄이 절로 나오는 장소라고 찬사를 보낸다.

도미니카넌 안에선 고딕 천장과 벽화를 보기 위해 시선이 위로 향하지만, 잠시 바닥을 볼 필요도 있다. 그러면 놀랍게도 아름다운 묘비를 발견할 수 있다. 몇 개의 묘비가 교회 안에 여전히 남아 있다.

수백 년 된 묘비 위에 세워진 서점

도미니카넌의 역사나 숨겨진 비밀을 알고 싶다면, 서점 통로에 놓인 검은 조각판들에 주목할 필요가 있다. 과연 무엇의 흔적일까? 놀랍게도 이것은 묘지의 뚜껑이다. 많은 묘비들이 교회 아래에 묻혀 있는데 현재 볼 수 있는 것은 그 일부다. 서점을 방문하는 이들은 직접 그 위를 걸을 수 있다. 수백 년 된 묘비들이 놓여 있다는 사실이야말로 이 서점이 교회였다는 증거다. "묘비는 항상 교회의 지하에 있습니다. 중세시대에는 부자들이 교회에 묻혔기 때문에 사실 이 교회 곳곳에 무덤과 묘비가 있었습니다. 물론 지금은 아니지만요. 건물을 복원할 때, 모든 무덤들을 발굴했어요. 무덤은 사라졌지만 이곳을 찾는 사람들이 예전의 모습을 볼 수 있도록 몇 개의 묘비는 남겼습니다. 묘비에는 가문의 문장을 보여주고 죽은 자의 이름이 새겨져요. 여기에는 라틴어로 기록되어 있어요. 'Requiéscant in pace.' 이 라틴어의 의미는 '고이 잠드소서'라는 뜻입니다. 사람이 죽고 나서 평화롭게 이곳에 누워 쉬라는 존경의 의미를 담은 묘비가 새겨져 있습니다. 서점으로 재건할 때 우리는 모든 관의 덮개를 들어 올려 무덤의 시신들을 발굴했습니다. 지금은 묘비만 남겨둔 상태이니 편안한 마음으로 묘비 위를 걸어가도 좋습니다. 400년 전에 묻힌 사람들, 지금은 이곳에 없습니다."

톤 하르머스 서점주가 말한 유골 발굴 과정은 매우 까다로워 꼬박 3년이 걸렸다. 서점으로 재탄생되기까지 겪어야 할 어려움은 이것만이 아니었다. 소중한 문화재는 결코 쉽게 만들어지지 않는 법. 이 공간이 서점이 되기까지의 과정은 말 그대로 파란만장했다. 처음 교회가 건설될 때의 모습은 위풍당당하고 웅장했다. 그러나 18세기 나폴레옹의 침공으로 교회의 기능은 종료됐고, 이후 두 번의 세계대전을 거치며 심하게 파괴되고 손실을 막을 수 없었다. 제1차 세계대전과 제2차 세계대전 사이에는 마스트리흐트 시의 콘서트홀로 사용되었다. 1915년부터 1940년까지 가축 도살장으로 이용되기도 했다. 당시 사람들은 목요일에 콘서트 연습을 하고 토요일에 연주회를 했다. 동시에 매월 첫 번째 수요일에는 양을 도살했다고 한다. 공간의 용도는 이렇듯 수차례 변했다. 소방 사다리를 보관하거나 식물 전시회가 열리기도 했고, 한때는 자동차 모터쇼가 열렸다. 1960년대엔 권투 경기가 치러지기도 했다. 1994년 이후, 서점이 들어서기 직전의 용도는 자전거 보관소였다. 이 아름다운 곳에서 양을 도살하고 전장에서 죽은 병사의 시신의 수를 셌다. 지금은 상상도 할 수 없는 그 많은 용도를 거쳐 결국 이곳은 세상에서 가장 우아한 서점이 됐다. 물론 그 과정이 쉬울 리는 없었지만 고난의 세월에 어울리는 눈부신 운명이 기다리고 있었다.

전쟁 시 응급 병원, 콘서트홀, 도살장, 자전거 보관소 등 용도가 수없이 바뀌었다. 옛 사진을 통해 교회의 변천사를 확인할 수 있다.

"이 프로젝트에서 가장 어려웠던 부분은 교회 바닥 공사였어요. 교회 지하는 원래 무덤이었기 때문에 밑바닥을 정리하고 책 보관을 위한 지하실을 새로 만들었어요." 서점의 설계자 에블린은 리모델링 시기를 회상했다.

"교회의 모습을 보존하기 위해 가구, 구조물들을 비대칭으로 배치하기로 계획했습니다. 모든 것이 비대칭 구조입니다. 사람들이 교회에 들어서면 숭고한 이미지로 인해 모든 요소가 조화롭게 잘 어울립니다." 에블린은 서점 프로젝트의 핵심을 설명했다.

고딕풍 교회, 리모델링으로 재탄생하다

지금의 도미니카넌의 서점 구조를 완성한 주인공은 메르크스Merkx 건축설계사무소다. 부부 건축가인 이들은 도미니카넌의 설계로 여러 건축상을 수상했으며 동시에 세계적으로 주목받았다. 그들이 준비했던 자료의 방대함을 보면 이 작업이 얼마나 복잡한 과정을 거쳤는지 짐작하게 한다. 교회 면적이 750제곱미터지만 서점주가 요청한 서점 사용 공간은 1200제곱미터였다. 결국 그들은 부족한 공간을 해결하고자 세 개의 층으로 나누는 방법을 사용해 책 분할 구조물을 고안했다. 동시에 건축가들은 건물의 높이와 뛰어난 고딕 건축물을 살리면서 강조하기를 원했다.

"이 프로젝트에서 가장 중요했던 점은 교회의 공간 활용에 관한 것이었습니다. 교회의 모습 그대로를 보존할 수 있는 방법으로 서점을 설계해야 했어요. 이 서점은 두 개의 층으로 나누어져 책들이 보관되어 있죠. 우리는 이것을 북큰플랫boekenflat, 책 분할 구조물이라고 불러요. 그리고 이것은 이 서점의 가장 중요한 요소이기도 합니다. 또한 이 북큰플랫은 도미니카넌 교회 건물과 연결되어 있지 않고 떨어져 있어요. 교회 어느 곳에도 닿아 있지 않죠. 조명들도 이 구조물에 부착되어 있고 교회 내부 어느 곳에도 닿아 있지 않아요. 모든 것을 구조물 하나에 이뤄냈죠"라며 설계자인 에블린 메르크스Evelyne Merkx는 서점 프로젝트의 특징을 설명한다.

대형 서점에는 수없이 많은 책꽂이가 필요하다. 책꽂이는 보통 어딘가에 기대어 안전하게 서 있어야만 한다. 그런데 도미니카넌은 문화재라서 훼손의 우려 때문에 벽체를 이용할 수가 없었다. 건축가들은 이 문제를 집 속의 집 형태, 즉 별도의 구조물을 만드는 것으로 해결했다. 잘 살펴보면, 이 서점의 책꽂이들은 건물의 벽체와 분리되어 독립된 구조물로 서 있다는 것을 알 수 있다. 건물 안 리모델링의 출발 지점이자 최종 목표는 문화재의 본모습을 존중하고 가급적 손상하지 않고 잘 보존하는 것이었다. 책 분할 구조물은 교회 안 그 어떤 부분과도 붙어 있지 않다. 교회 안을 구성하는 모든 구성 요소는 교회와 떨어져서 배치되어 있다. 더욱 놀라운 점은 단 하나의 연결 도구도 교회 벽에 박혀 있지 않다는 점이다. 서점 안에 있는 모든 자재는 가장 기본적인 재료들만 사용하여 배치했다. 이 재료들은 디테일이 살아 있으면서도 검소하고 유용하다. 덕분에 이 프로젝트는 2007년 렌스벨트 더 아키텍트Lensvelt de architect 인테리어 디자인상을 수상했다.

만약 서점을 철거한다면 교회의 그 어떤 시설도 파손하지 않고 보름 내에 서점의 구조물을 철거할 수 있다. 서점은 지금도 정기적으로 시의 점검을 받는다. 시청의 허가 없이는 단 하나의 구조물도 옮기거나 바꿀 수 없다. 에릭 베처르스(시청, 역사건축물 담당)에 따르면, "건물에 변화가 생기는 순간, 예를 들어 조명을 바꾸거나 새로운 것을 달고 싶을 때 건물의 역사적 가치 손상에 영향을 줄 경우에는 반드시 시정부와 논의하고 승인이 필요하다"라고 강조한다. 단 하나의 못도 박지 않고 원래의 모습이 그대로 유지된 채 5만 권의 책이 꽂혀 있다. 중세의 벽화와 현대의 책들이 아무 충돌 없이 한 공간에서 어울리고 있다는 사실을 깨닫고 나면 더욱 감동적이다. 역사적인 건물이 현대와 어떻게 만나야 하는지 제시하는 도미니카넌은 문화적 가치를 배가하는 하나의 역사적인 모델이 되었다. 시민들의 민속과 생활양식이 깃든 문화재를 세월을 담아 리모델링한다는 건 쉽지 않다. 그러나 그 작업이 성공적일 때 그 공간의 가치는 엄청나게 상승한다. 세상에는 현대식으로 지어진 크고 멋진 서점이 많다. 그런 서점들은 그 서점만의 독특한 개성이나 편의성으로 승부한다. 하지만 그 어떤 서점도 도미니카넌을 흉내 낼 수 없다. 이곳엔 돈과 기술로는 살 수 없는 역사, 700년이 넘는 시간이 담겨 있기 때문이다. 건물에 담긴 시간을 잘 보존하고 유적의 의미를 살려 재해석하기. 그것이 바로 도미니카넌이 가지는 진정한 가치다.

건물을 변경할 수 없는 역사건축물 관리법을 따르고자 교회에 책 분할 구조물을 사용했다.
톤 하르머스 서점주는 교회 건축물의 역사적 가치가 훼손되지 않도록 노력하고 있다.

전 세계에 불어온 서점의 고사 위기

누구나 인정하듯 종이책의 위기는 전 세계적인 현상이고, 그로부터 자유로운 서점은 지구상에 없다. 그렇다면 도미니카넌은 서점의 위기를 어떻게 극복할 수 있었을까. 서점을 살리려는 노력 역시 참으로 드라마틱했다. 2006년에 톤 하르머스는 도미니카넌 서점을 시작했다. 네덜란드의 서점 조합으로서 이곳에 문을 열었다. 셀레시즈Selexyz, 네덜란드에서 가장 큰 도서 체인점가 도미니카넌을 오픈했지만 2012년 셀레시즈는 파산했다. 이후 폴라레Polare에 매각되었으나 2014년 폴라레 역시 파산을 피할 수 없었다. 서점이 들어선 이후에도 극적인 변화는 계속됐고, 결국 도미니카넌은 문을 연 지 8년 만에 폐업을 선언한다. 가축 도살장에서 시신 안치소까지, 수없이 많은 용도를 거쳐 마침내 서점으로 부활한 곳의 문이 다시 닫힌 것이다.

네덜란드를 대표하는 대형 서점 체인 두 개가 모두 폐업하는 마당에 과연 누가 나설 수 있을까. 결국 기댈 곳은 서점을 사랑하는 시민들뿐이었다. 서점은 시민들에게 호소한다. "도미니카넌의 친구가 되어주세요!" 소액투자자를 모으는 크라우드펀딩이 시작되었고 반응은 폭발적이었다. 펀딩 웹사이트가 열린 지 48시간 만에 5만 유로의 펀딩을 받았고 7일이 지난 후 10만 유로(약 1억 4000만원)를 넘겼다. 정말 기대하지도 못한 결과였다. 너무나 빨리 많은 자금이 마련되었다. 600여 명이 참가했고 마스트리흐트는 물론 네덜란드 전역, 벨기에 사람들까지 도미니카넌 서점주에게 돈을 빌려주겠다고 나섰다. 그렇게 5년 동안 이자를 지급하면서 빌려 쓸 수 있는 돈이 확보되었다. 2019년 서점의 재기를 도왔던 600여 명의 투자자를 초대해 당시 빌린 모든 돈과 이자를 돌려줄 수 있었다. 교회의 은총을 떠올리게 만드는 기적적인 회생이었다. 그로써 도미니카넌은 대형 서점 체인에서 벗어나 수백 명의 투자로 운영되는 독립서점이 된다. 말 그대로 전화위복이었다. 도미니카넌에 대해 시민들이 변함없는 자부심을 가질 수 있는 건 그곳이 바로 서점이기 때문에 가능한 일이다. 교회는 긴 세월을 돌고 돌아 마침내 서점으로 태어나 지역 주민들과 함께하고 있다. 성령이 머물던 공간에서 책의 공간으로. 고딕과 현대가 어우러진 그곳에서, 오늘도 사람들은 책의 숨결에 빠져든다. 천국에 서점이 있다면 이런 모습일 것이다.

INTERVIEW

"도미니카넌은 계속된다. 도미니카넌은 마스트리흐트의 자산이다."

톤 하르머스(Ton Harmes)
도미니카넌 서점주

도미니카넌은 마스트리흐트 시민들의 서점이고, 모두가 좋은 기억을 간직하고 있는 건물이다. 누구나 그런 추억의 장소를 함께 지키고 싶어 한다.

◐ 건물과 책장 사이의 공간을 띄워 구조물을 설치한 이유가 무엇인지요?

북큰플랫(책 분할 구조물)이 교회의 가운데에 있습니다. 국가 문화재 관리청에서 건물에 영향을 주는 것을 허용하지 않았습니다. 따라서 우리는 책 분할 구조물이 건물과 떨어져야 한다고 결정했습니다. 건물을 허물더라도 이 상태는 유지할 수 있으며 또한 우리는 책 분할 구조물을 다시 해체해 가져갈 수도 있습니다. 모든 것을 단시간에 철수할 수도 있습니다. 크기와 거리를 계산해 균형을 잡는 데 충분한 공간으로 띄웠습니다. 고딕 스타일은 통풍이 잘 되어야 합니다. 그렇기 때문에 충분한 공간이 필요합니다. 이런 공간을 확보하기 위해 벽까지 채우지 않았습니다. 이 공간을 설계하고 재건한 건축가 메르크스의 사려 깊은 생각과 고딕 양식을 유지하기 위한 판단이었습니다.

◐ 도미니카넌은 2014년에 문을 닫는 위기를 경험했습니다.

2013년에서 2014년까지 그 시기에 사람들은 상황이 좋지 못하다는 걸 깨달았습니다. 서점은 점차 상품의 구성이나 책들도 줄어들어 있었어요. 이곳을 찾는 사람들은 모두가 긴장하고 걱정이 많았어요. 물론 직원들도 마찬가지였고요. "문을 닫는 겁니까?" 물으면 우린 이렇게 답했죠. "그럴 순 없지요. 이렇게 문을 닫을 순 없습니다. 우린 살아남아야 합니다." 사람들이 내게 와서 말하거나 전화를 했어요. "우리 함께 시장을 찾아갑시다. 우리 시가 뭔가를 해야 합니다. 문을 닫을 순 없어요. 우리는 해결책을 찾아야만 합니다"라고 말했습니다.

우리가 새로 시작할 때의 그 기분은 마치 도시가 다시 자유를 찾는 것 같은 해방감이 드는 일이었습니다. 다시 사람들이 이곳으로 왔죠. "휴, 이건 우리를 위한 거야. 그래, 그럼 우리가 한번 해보자." 사람들은 크라우드펀딩에 참여하고 우리에 대해 말하기 시작했어요. "당신들이 이곳에서 다시 시작할 수 있어서 얼마나 좋은지 모른다. 우리는 당신들이 너무나 그리웠다." 사람들이 서점을 찾아와 커피를 마실 때마다 이곳에 앉는 것을 행복해합니다. 다시 재기한 후, 사람들은 이곳이 유지된다는 사실에 기뻐하고 지속적으로 말합니다. "잘 되고 있죠?" "다시 좋아질 겁니다." 이런 식으로 힘을 불어넣어주고 있습니다.

◑ 최근에는 지구촌이 팬데믹(코로나19)의 위기를 겪었습니다. 도미니카넌의 미래는 어떨까요?

우리는 지금 어디쯤에 있을까요? 당신은 알 수 있습니까? 우리는 도시의 한 곳에 있는 서점입니다. 이곳에서는 다양한 문화 행사와 많은 이벤트가 1년 내내 진행됩니다. 많은 사람들이 이곳을 찾는 이유는 집처럼 편안한 기분을 느끼기 때문일 겁니다. 그것은 우리가 지난 15년간 성취한 가장 중요한 성과일 것입니다. 사람들은 이곳을 집처럼 느낍니다. 이 서점의 주인은 고객들입니다. 이곳은 그들의 서점입니다. 이것이 바로 핵심입니다. 출판 산업이 빠르게 변화하고 있지만 우리의 미래는 바로 책이 있는 공간에 있습니다. 도미니카넌 서점의 미래는 책이 있는 이 아름다운 분위기와 느낌을 가지고 우리의 강점을 만들어가는 데 있습니다. 모두가 함께하는 토론의 장소, 대화의 장소, 교류의 장소로 발돋움하는 것입니다. 네덜란드 헌법에는 도서에 관한 두 개의 조항이 있습니다. 하나는 표현의 자유이고 또 하나는 출판의 자유입니다. 당신이 원하는 것을 할 수 있고, 당신이 원하는 것을 출판하고 인쇄할 수 있습니다. 어떤 형태로든, 그것이 책이든 포스터이든 그림이든 여기에 자유가 있습니다. 네덜란드 정부는 결코 간섭하지 않습니다. 서점에는 아주 중요한 조항입니다.

이곳 서점에도 다른 관점과 생각을 표현한 책들이 책장에 나란히 꽂혀 있습니다. 작가의 책은 고객들이 찾아 나섭니다. 고객들이 책장에서 같은 주제의 책을 보지만 서로 다른 관점을 갖고 같이 이야기를 나눕니다. 그들이 서로 다른 측면에서 보고 느낀 점을 갖고 있는 것입니다. 토론하고 대화하는 것, 바로 거기에 우리의 미래가 있습니다. 그것이 우리 인류의 본질입니다.

사람은 만남에서 시작합니다. 인간은 사회적 동물입니다. 팬데믹 시기에 우리는 문을 닫지 않았죠. 모든 가게가 문을 닫아도 이 도시의 기본적인 기능은 지속되어야 하기에 지속적으로 문을 열었습니다. 사람들이 이곳에서 기쁘게 만나 이야기 나누는 것을 봤습니다.

MENDO 멘도

MENDO

+ Add Nieuwe Doelenstraat 10, 1012 CP Amsterdam **+ Business Hours** (화~토) 10:00~18:00 (일) 11:00~17:00
+ Email service@mendo.nl **+ Website** www.mendo.nl

"편안함과 영감을 추구하는
장소가 서점의 미래다."

-로이 리에스탑

국토 3분의 1이 평균 해수면보다 낮은 나라답게 쉽게 볼 수 있는 것이 운하와 강, 수로다. 네덜란드의 상징인 나막신이나 풍차가 땅에서 물을 퍼내는 도구였다는 것을 떠올리면 네덜란드인들이 오랫동안 물과 더불어 살기 위한 방법을 모색해왔다는 것을 알 수 있다. 무역도시로 유명한 암스테르담Amsterdam은 16세기 말 유럽 최대 항구로 성장했다. 암스테르담은 '암스텔강Amstel river의 둑'이라는 의미다. 어민들이 강의 범람을 막기 위해 둑을 설치하고 정착한 데서 유래했다. 유럽의 해상 무역을 장악했던 암스테르담은 풍족한 경제력을 바탕으로 자유와 관용 문화가 발전했다. 제2차 세계대전 이후에는 대항문화운동의 중심지로서 개방적이고 자유로운 도시로 성장했다. 1969년 비틀스의 전설, 존 레논John Lennon, 1940-1980은 오노 요코Ono Yoko와 신혼여행지였던 암스테르담의 호텔방에서 반전과 평화의 메시지를 전하기 위한 퍼포먼스(《베드 인 포 피스Bed-ins for Peace》)를 펼쳤다.

　전 세계에서 자전거를 타기 가장 좋은 도시로 꼽히는 암스테르담 곳곳에는 아름다운 공원이 숨겨져 있어 종종 광합성을 즐기는 사람들과 만날 수 있다. 특히 건축과 미술을 좋아한다면 누구나 물의 도시 암스테르담과 사랑에 빠질 수밖에 없다. 암스테르담 공공도서관Openbare Bibliotheek Amsterdam, 욕조라는 별명이 있는 시립미술관 Stedelijk Museum 등 현대 건축이 랜드마크로 자리 잡고 있다. 또한 디자인의 거장 마르셀 반더스Marcel Wanders가 주 무대로 활동해온 암스테르담은 자유의 도시이자 동시에 책의 도시이기도 하다. 암스테르담에 디자인과 건축을 다루는 서점이 많다는 건 사람들이 그만큼 도시와 공간을 아름답게 조성하는 일에 깊은 관심이 있다는 뜻이다.

디자인과 건축의 도시 암스테르담에서 꼭 들러야 하는 서점이 있다. 2002년 설립한 멘도는 고객에게 시각적 영감을 주는 책들을 판매해왔고, 이제 세련되고 우아한 서점 자체가 고객들에게 영감을 주는 공간으로 성장했다.

암스테르담 중심가의 핫 플레이스

멘도에 가면 세상에서 가장 비싸고 아름다운 책을 볼 수 있다? 2020년 5월, 멘도의 서점주 로이 리에스탑Roy Rietstap은 네덜란드의 중심가 나인스트리트에 있던 플래그십 스토어를 격식 있고 우아한 호텔 드 류로프Hotel De L'Europe로 자리를 옮기면서 고급스러우면서 동시에 프라이빗을 강조하는 서점을 추구하고 있다. '감각을 일깨우는 책들books that tease the senses'에 몰두하는 멘도는 의외의 경험을 선사한다. 꼭 어느 유럽의 가정집에 초대받은 느낌이라고 할까. 서점이라기보다는 조금 전까지 서재의 주인이 탐독에 빠졌을 만한 공간이다. 아름다운 책에 대한 사랑을 지인들과 나누는 데 부족함이 없어 보인다. 멘도의 보금자리가 되기 전, 요하네스 판 담 챔버Johannes van Dam chamber로 불렸던 이 아늑한 공간의 변신은 암스테르담에서 활동하는 인테리어 디자인 스튜디오 나이스메이커스Nicemakers의 솜씨다. 암스테르담의 정체성을 오롯이 담고 있는 호텔 드 류로프에서 멘도가 그 정신을 이어가길 희망한다.

방문한 시기에 마침 사진 전시회가 준비 중이었다. 사진집과 사진집 속의 작품을 동시에 전시하면서 상승 효과를 내고 있다. 멘도는 자체 출판을 함께하고 있어서 작품집 역시 멘도에서 출판됐다. 사진이나 디자인 같은 시각적인 장르가 이 서점이 다루는 주요 테마다. 사진, 패션뿐만 아니라 인테리어와 건축, 그래픽디자인 같은 특별한 주제에 대해 큐레이션한다. "책이 아주 많이 팔렸습니다. 저에겐 아주 재미있는 도전입니다. 멘도의 출발점은 고객에게 시각적 영감을 주는 것으로 시작했습니다. 시각적 영감을 주는 책들은 생활 속에서의 네 가지 주제인 주거, 요리, 인테리어, 건축이 포함되며 사진에는 패션과 디자인과 그래픽디자인이 포함됩니다. 여러 예술 작품집들도 판매하고 있고, 고객들에게 그 정보를 제공하고 있습니다. 우리는 차별 없는 세상을 꿈꿉니다. 인종과 성, 남녀노소의 차별 없이 모두가 동등한 상황에서 다양한 사람들에게 영감을 주는 환경을 제공하는 것이 콘셉트입니다"라며 로이 리에스탑 서점주는 자신감을 드러낸다.

멘도는 그들이 원하는 책을 직접 만들고 있다. 따라서 많은 사진작가들과 관련된 업체 등과 연결해 함께 일한다. 물론 멘도는 다른 출판사와도 일하는 경우도 있다.

멘도에는 보호가 필요한 고가의 한정판 사진집이 있다.
책 속의 내용을 흠집 없이 잘 유지하기 위해 장갑을 끼고
보도록 권하고 있다.

멘도의 생각을 실현할 수 있는 책을 출판하기 위해서는 동행할 업체와의 연계가 무엇보다 중요하다. 나이키나 미국 유명 패션디자이너 버질 아블로 Virgil Abloh, 1980-2021 와의 컬래버레이션을 통해 새로운 책을 만들었다. 서점에서 멘도가 자체적으로 기획 제작한 책들도 만나볼 수 있다. 사실 멘도는 그들만의 취향을 고객에게 전달하고 싶다는 욕심을 숨기지 않는다. 멘도의 취향이 어떤 것인지 정확히 전달되기를 바라기 때문에 책 전시(오프라인 매장의 큐레이션)를 꽤 중요하게 여긴다. 매장을 둘러보면 알겠지만 멘도에는 많은 책이 있는 것은 아니다. 집중적이고 선택적인 전시를 통해 고객의 선택을 쉽게 할 수 있도록 하는 것이 그들만의 전략이다.

온라인 판매는 모든 산업 분야에서 중요한 시장이다 보니, 온라인 서점 역시 특별하기를 원한다. 특히 멘도가 자랑하는 건 신세대에게 어필할 수 있는 웹사이트. 정보 제공과 상품 판매 기능을 넘어 예술적 영상미를 추구한다. "멘도의 웹사이트가 세상에서 가장 아름다운 웹사이트 중 하나라고 생각합니다. 물론 접속해 들어가보면 알겠지만 정말 아름답습니다. 들어가면 실제 서점에 와 있다는 느낌이 들 겁니다. 그곳에 접속하면 나가고 싶지 않을 겁니다. 오프라인 서점과 같은 분위기를 느낄 수 있도록 노력했습니다. 대부분의 온라인 서점은 (상품을) 클릭하고 구매하는 시스템입니다. 물론 그 방법도 좋습니다만, 멘도는 영감을 얻을 수 있는 시각적 색감으로 아름다움을 느낄 수 있도록 만들었습니다."

오프라인 서점에서는 꽤 귀한 사진집도 볼 수 있는데 상당한 고가의 책이다. 헬무트 뉴튼 Helmut Newton, 1920-2004 의 한정판 사진집을 장갑을 끼고 넘겨볼 수 있다.

멘도의 취향을 고객에게 전달하기 위해서는 매장의 큐레이션이
상당히 중요하다. 멘도는 많은 책과 만날 수 있는 보통 서점이
아니다. 멘도의 정체성과 비전을 공유하는 책들을 선택적으로
전시하는 것이 이들의 전략이다.

로이 리에스탑 서점주는 "멘도처럼 편안한 매장, 오래 머물고 싶은 매장이 서점의 미래"라고 말한다. 오프라인 매장은 현재 콘셉트를 계속 유지하면서 웹숍을 더욱 발전시켜 주요 판매 채널로 만들 예정이다.

1999년에 가장 큰 책 형태의 사진집이 나왔는데 지금은 1만 유로에서 1만 5000유로 사이(약 1500만원에서 2000만원 사이)에 팔리고 있다. 전 세계에 1만 권만 배포되었다. 헬무트 뉴튼은 금세기 가장 논쟁적인 사진작가 중 한 명으로, 주로 강한 여성을 표현하는 사진들을 많이 찍었다. 강한 여성의 매혹적인 모습을 담은 그의 작품은 상당수가 흑백사진이며, 여성들의 손, 얼굴 등 클로즈업에서 그만의 고유한 표현을 느낄 수 있다. 사진 속에서 여성의 힘을 느낄 수 있는데 여성의 해방을 시도한 작품도 볼 수 있다. 한번 보면 잊히지 않을 사진들이다. 1만 유로가 넘는 책을 이렇게 직접 보는 것도 멘도에서만 누릴 수 있는 즐거움 중 하나다.

원래 멘도는 블랙 서점으로 더 유명했다. 블랙의 무게와 강렬함이 사람들을 사로잡았다. 그러나 멘도는 몇 년 전에 그들의 상징인 블랙을 포기했다. 블랙 다음에 이들이 선택한 색감은 브라운. 이들은 블랙의 시대가 가고 이제 브라운의 시대가 왔다고 말한다. "저희 서점을 장식하고 있는 브라운 색은 세계적인 '현재의 트렌드'입니다. 색상에 대한 결정은 우리들이 내리는 색감에 대한 정의입니다. 색에 관한 것이라기보다는 모든 사람에게 영감을 어떻게 줄 것인가가 색 선택의 기초입니다.

사람들은 색을 보고 시각과 두뇌를 통해 영감을 얻을 수 있습니다. 좋고 아름다운 것을 볼 때 얻는 영감이 큽니다. 그런 이들을 위해 선택한 색깔입니다. 당신이 집에 있는 느낌으로 와인이나 카푸치노 한 잔을 주문해 서점 한가운데 큰 테이블에 앉아 즐겨보기를 권합니다. 집에 가고 싶지 않을 때는 이곳에서 저녁 식사를 주문할 수 있을 정도의 편안함을 갖고 집 거실처럼 편하게 머물기를 바랍니다." 서점이 단지 책을 파는 공간이 아니라 미적 영감을 얻을 수 있는 편안한 거실 같은 공간이 되어야 한다는 것, 그것이 멘도가 꿈꾸는 서점의 미래다. 시대의 트렌드를 만들고 이끌어 나가겠다는 멘도만의 자부심이 엿보인다. '시각적 영감과 심미적으로 즐거움을 주는 책'이라는 멘도의 모토가 이곳에서 실현되고 있다.

book & culture

미술관에서 만나는 뜻밖의 도서관
쿠이퍼스 도서관(Cuypers Library)

대항해시대, 네덜란드는 세상의 중심이었다. 세계의 무역을 주도했고 세계에서 가장 부유한 나라였다. 바로 그 시기, 네덜란드 황금시대를 대표하는 화가 렘브란트(Rembrandt, 1606-1669)가 있다. 17세기 미술의 최고봉이라 평가받는 그의 작품 〈야경(The Night Watch)〉(1642)을 네덜란드의 보물창고라 불리는 곳, 암스테르담 국립미술관(Rijksmuseum Amsterdam)에서 만날 수 있다. 암스테르담을 찾아온 여행객들이 꼭 방문해야 하는 장소로 유명하지만, 도서애호가라면 렘브란트, 요하네스 페르메이르(Johannes Vermeer, 1632-1675) 등의 명화에 만족하지 말고 미술관 내부에 있는 도서관을 찾아가보자. 1876년 암스테르담 국립미술관(1885년 완공)을 설계한 네덜란드 건축가 피에르 쿠이퍼스(Pierre Cuypers, 1827-1921)의 이름을 딴 쿠이퍼스 도서관이다. 네덜란드 황금시대는 네덜란드의 출판인쇄 산업이 꽃을 피우던 시기다. 17세기 전후, 네덜란드는 당시 유럽에서 가장 많은 책을 출간했다. 당시의 영광이 그대로 보존되어 있는 곳이다.

INTERVIEW

"통합적인 서비스를 즐길 수 있는 특별한 서점을 추구합니다."

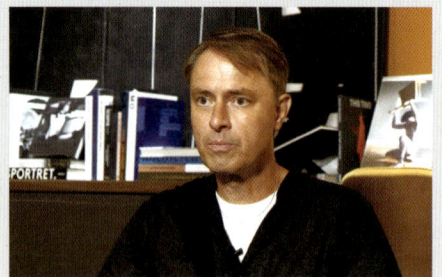

로이 리에스탑(Roy Rietstap)
멘도 서점주

로이 리에스탑은 떠나고 싶지 않은 서점을 꿈꾼다. 서점 밖에서 일어나는 세상의 심각한 일은 모두 잊고 긴장을 풀고 편하게 머물 수 있는 공간을 만들고 싶어 한다.

◐ 멘도가 호텔 드 류로프로 이사를 온 이유는 무엇입니까?

암스테르담의 중심가에서 꽤 오랜 시간 있었습니다. 우리는 아주 고전적인 도서관 같은 모습을 꿈꿨습니다. 내부는 상당히 역사적인 감각을 갖춘 서점이면서도 한편으로 이곳에서 제공하는 책들과 우리가 선택한 주제를 통해 현대적 감각을 느낄 수 있도록 하는 겁니다. 멘도의 미래를 함께할 젊은 고객이 많기 때문에 두 가지 요구를 모두 채울 수 있는 곳이 필요했습니다. 즉 고전적 역사와 현대적 감각을 모두 포함하는 서점을 꾸밀 수 있는 최적의 장소라 생각해서 이곳으로 옮겼죠.

◐ 서점 내부가 화려하고 럭셔리합니다.

많은 이들에게 서점 내부가 아름답고 화려하다는 이야기를 듣죠. 사람들이 이곳에 와서 특별한 영감을 느끼게 하고 싶습니다. 아주 작은 것들도 세세히 신경 쓰는 것이 우리의 전략입니다. 종이의 색감과 질감, 조형물의 질감, 사진의 느낌 등을 사랑하고 충분히 표현하고자 노력하기에 내부가 아름다워 보인다고 생각합니다.

◐ 멘도는 어떤 종류의 책에 주력하는지요? 멘도를 매혹시킨 아티스트들은 누구입니까?

최근 작업은 벨기에 사진작가 페테르 더 포터(Peter de Potter)의 책들(《The Vanity of Certain Flowers Part Two》)이었습니다. 페테르 더 포터는 아시아에서도 꽤 잘 알려진 작가입니다. 특별히 요리책(《Cuisine Carine》) 도 있는데, 제가 스페인으로 휴가를 갔을 때 만난 분이 요리를 아주 잘했습니다. 그래서 그때 영감을 얻어 그녀의 요리책을 만들게 되었죠. 카린 가스트란드(Karin Gaasterland)의 이야기와 레시피를 이용했습니다. 그녀의 음식이 너무 맛있었고 또한 그녀가 좋은 사람이었기 때문에 책을 만들게 되었죠. 모든 사진은 스페인 현지에서 촬영했고 책은 그녀와의 유대감에서 시작되었습니다. 그 외에 출판한 책은 대부분 사진 작품집입니다. 페테르의 작품집을 비롯해 데이비드 반 다르텔(David van Dartel)의 〈This Time Tomorrow〉나 필리페 보겔렌장(Philippe Vogelenzang)의 〈I, XXX〉 역시 그렇습니다. 이들은 모두 벨기에와 네덜란드 출신의 작가들이고, 사진집들은 예술작품을 기반에 둔 작품집입니다. 출판한 책은 모두 50여 권입니다. 책의 종류는 우연의 일치라고 말하고 싶습니다. 책 출판은 바로 멘도의 관점입니다. 직접 작품을 보고 판단하죠. 언제나 고객이 사고 싶은 좋은 책을 만들어야 한다고 생각합니다.

◐ 멘도의 미래에 대해 어떻게 생각하나요?

점차 디지털 시장으로 집중하고 있습니다만 시대적으로 변화가 빠른 민감한 시기라고 생각합니다. 지금은 물론이고 앞으로 몇 년 사이에 많은 서점이 사라질 것이라는 큰 위기 앞에 놓여 있습니다. 방문해서 경험하셨듯이 멘도 서점과 같이 집처럼 안락하고 편안한 느낌으로 그저 앉아서 머물고 싶은 서점은 드물다고 생각합니다. 어찌 생각하실지는 모르겠지만 멘도처럼 안락함과 영감을 추구하는 장소는 서점의 미래라고 생각합니다. 오프라인 매장 콘셉트를 계속 유지해 나가면서 웹사이트를 더욱 발전시켜서 주요 판매 채널로 만들어갈 것입니다.

◐ 말씀하신 것처럼 세상은 점점 디지털화 되어가고 있고, 오프라인 서점은 점차 사라질 위기에 있습니다.

사람들은 밖으로 나오고 싶어 합니다. 늘 컴퓨터 앞에서만 머물고 싶어 하진 않죠. 사람들은 좋은 환경에서 마시고 즐기며 자극을 받고 싶어 합니다. 그래서 이 모든 것을 할 수 있는 전시회를 멘도에서 열기도 합니다. 사람들이 사진을 찍고, 술을 마시고 친구들과 함께 즐기면서 작품을 둘러보는 작은 전시회를 하기에 이곳은 너무 좋은 장소죠. 호텔이 뒤쪽에 있고 호텔에는 세 개의 다른 종류의 레스토랑이 있어요. 이탈리안 음식이나 미슐랭 가이드에서 별을 받은 높은 수준의 요리를 맛볼 수도 있습니다. 당신의 선택지는 상당히 넓죠. 서점 하나와는 다른 경험을 할 수 있습니다. 이곳에서 아름다운 책을 경험하고 작품을 보고, 전시회를 경험할 수 있으며 편히 즐길 수 있는 공간을 제공받을 수 있다면, 특히 모든 것을 한꺼번에 할 수 있다면 통합적인 서비스를 즐길 수 있는 정말 특별한 서점이 될 것입니다. 편안한 매장, 오래 머물고 싶은 매장. 그것이 우리 서점의 특징이고 앞으로 미래 매장의 모습입니다.

SCHELTEMA 스헬트마

+ **Add** Rokin 9, 1012 KK Amsterdam   + **Business Hours** 10:00~19:00
+ **Email** info@scheltema.nl   + **Website** www.scheltema.nl

" 스헬트마는 암스테르담의
거실이자 서재입니다. "

-해롤드 즈발

이제 서점은 단순히 책을 파는 게 아니라 책을 사랑하는 이들과 공간을 공유한다. 책이 있는 풍경을 좋아하고 그 공간에 머물고 싶어 하는 것, 그것이 현대의 서점을 유지하는 동력이 되고 있다. 아름다운 고딕풍의 건물만이 전통은 아니다. 그 도시에 맞는 전통을 찾고 그 공간을 모든 이가 함께 누리도록 하는 것. 거기에 서점의 미래가 있다. 모두가 종이책의 위기를 말하는 시대. 네덜란드의 서점들은 이 위기를 어떻게 극복하고 있을까. 사라질 위기 속에서 다시 살아난 암스테르담의 명소 스헬트마 서점에서 그 해답을 찾아본다.

문화 감성을 공감각으로 자극하다

'암스테르담의 심장'이라 불리는 스헬트마는 네덜란드에서 가장 크고 가장 오래된 서점이다. 1853년에 존 헨리 스헬트마 J. H. Scheltema가 개점해 무려 170년의 역사를 자랑한다. 2014년 파산 위기 이후 2015년 로킨에 새롭게 자리를 잡은 서점은 총 5층(3200제곱미터)에 걸쳐 연결되어 있다. 각 층마다 주제를 달리하며 약 100만 권의 책을 보유하고 있다. 가히 세계 최대 규모다. "이 서점에는 13만 개의 주제, 책의 수가 아니라 책의 주제를 볼 수 있습니다. 책으로 말하면 거의 100만 권의 책이 있는 서점입니다. 스헬트마는 암스테르담의 거실이자 암스테르담의 서재입니다." 해롤드 즈발 Harold Zwaal 서점주는 네덜란드에서 이렇게 다양한 주제의 책들을 가진 서점은

"전자책(e북)은 5~6%의 시장을 차지하고 있는데 점유율이 높지 않죠. 앞으로 10년이 지나도 종이책은 결코 사라지지 않습니다."
암스테르담의 많은 이들이 서점에서 종이책을 구매하고 싶어 한다고 서점주는 이야기한다.

없다고 자신한다. 마치 도서관처럼 곳곳에 책을 볼 수 있는 넓은 테이블이 놓여 있다. "이곳에서 꼭 책을 사야만 하는 것은 아닙니다. 우리는 손님들이 책을 사러 오는 것을 반깁니다만, 지인들과 함께 이야기하든 조용히 책을 읽든 서점에 놓인 이 책상에서 오랜 시간 앉아 있을 수 있습니다. 큰 책상과 편히 있을 수 있는 장소를 마련해 두었습니다. 이곳을 찾는 손님들의 자유를 가장 중요하게 생각합니다."

 이 오래된 서점도 종이책의 위기를 피해가진 못했다. 스헬트마 역시 몇 번의 파산을 겪었다. 네 번째 파산을 맞은 8년 전에 다시 이곳을 사려는 사람이 없었고, 이 도시는 엄청난 유산을 잃게 되는 순간이었다. 그 순간, 한 재단이 서점을 후원하겠다고 나섰다. 매우 파격적인 조건이었다. "이곳은 수익을 창출하지 않아도 된다며 노바미디어Novamedia 재단에서 지원을 약속했습니다. 스헬트마는 우리와 함께 존재해야 하는 이 도시의 선물입니다. 우리는 스헬트마를 지켜야 하고 도시는 이 서점의

스헬트마에는 요리를 할 수 있는 장소가 마련되어 있다. 주말이 되면 작가들이 책 속의 요리를 선보이면서 책을 판매한다.

존재에 대해 감사하고 있습니다." 적자를 보존해주는 후원 재단을 만난다는 건 쉽게 얻기 힘든 행운이었다. 암스테르담이어서 가능한 기적이 아니었을까. 서점도 지원에만 기대지 않고 나름대로 자구책을 모색 중이다. 스헬트마가 최근에 주력하고 있는 건 영상 콘텐츠. 서점에 마련된 스튜디오에서 직접 영상을 만든다.

"우리는 사람들이 이곳에 와서 요리를 해서 맛을 보거나 요리하는 법을 배우는 식으로 서점에 와서 즐기면서 책을 살 수 있도록 하고 있어요. 사람들이 즐거워합니다." 이렇게 서점에서 요리를 선보이면서 시각과 미각을 동시에 만족시키는 과정은 책 판매에 도움이 된다. "먼저 요리하는 곳에 오면 사람들은 책을 뒤적이며 어느 부분인지 보지요. 우선 요리하는 것을 보고 맛을 봅니다. 아, 정말 맛있다고 말하고선 책을 삽니다." 이 서점에서 시작한 아주 만족스러운 판매 행사 중 하나다. 서점에서 음식을 먹어보는 진귀한 경험을 제공한다. "이렇게 (서점의 스튜디오에서) 맛을 보면 사람들이 맛있다는 표현을 합니다. 여기서 만든 요리에 대한 반응이지요. 매번 다른 요리를 합니다. 요리에는 크든 작든 특별한 맛이 있지요." 음식이 만들어지는 날은 누구나 와서 음식을 맛보며 함께 즐길 수 있다. 작은 파티인 셈이다. 동시에 특정 책에 대해 티저 영상 같은 걸 만들어 그 책에 대한 관심을 유도하는 방식이다. 현재까진 요리 관련 콘텐츠가 가장 인기가 많은데, 요리 이외에도 인문학이나 문학작품, 그리고 취미활동 강좌까지 다양한 장르의 책이 다뤄지고 있다. 한국 음식인 김치 등 한국 요리책도 만나볼 수 있었다.

군침이 도는 스헬트마의 요리 행사를 엿보고 나니 즈발 서점주가 꼭 보여줄 것이 있다면서 서점 앞으로 안내한다. "여기 보이시죠? 손바닥 모형이 있습니다. 이 모든 손자국은 책을 쓴 작가들의 것입니다. 이곳으로 서점을 옮길 때 작가들이 직접 책을 옮겨줬습니다. 길 건너편에서 이 서점으로 책을 옮겨야 했으니까요. 그들의 책은 명예의 전당, 손바닥 프린트할 장소까지 옮겨졌습니다. 책을 옮겨준 300명이 넘는 작가들의 손바닥 프린트가 여기 있습니다." 이것이 서점주가 얘기하고 싶었을 스헬트마의 저력이다. 스헬트마에 대한 기업의 후원도 작가들의 동참과 관심이 있기에 가능한 일이었다. 결국 서점을 지키는 건 그 누구도 아닌 그 도시의 시민이라는 것. 스헬트마는 바로 그것을 증명했다.

INTERVIEW

"스헬트마가 사라진다면 암스테르담은 눈물을 흘릴 것이다."

해롤드 즈발(Harold Zwaal)
스헬트마 서점주

종이책의 힘을 믿는 해롤드 즈발은 스헬트마가 고객에게 감동과 놀라움을 줄 때, 더 발전할 수 있다고 생각한다.

◐ 최근 상당히 많은 서점이 파산했죠. 스헬트마도 어려움을 겪은 것으로 알고 있습니다.

서점들은 현재 어려운 상황입니다. 최근에 많은 서점이 문을 닫고 있는 것이 사실이죠. 앞으로도 많은 서점이 몇 년 사이 문을 닫을 겁니다. 현재 스헬트마는 아주 강건하고 재정이 튼튼해요. 스헬트마 역시 몇 번의 파산을 겪었습니다. 네 번째 파산을 맞은 8년 전에 다시 이곳을 사려는 사람이 없었고 이 도시는 엄청난 유산을 잃을 뻔했죠. 제가 일하는 회사(노바미디어)에서는 이런 일은 일어나서는 안 될 일이라 생각했어요. 이 서점이 암스테르담에서 사라진다? 이곳은 결코 수익을 창출하지 못해도 좋고, 그럴 필요도 없다고 생각한 겁니다. 스헬트마는 우리와 함께 존재해야 합니다. 스헬트마는 이 도시의 선물이니까요. 우리는 스헬트마를 지켜야 하고, 이 도시는 스헬트마에 대해 감사하고 있습니다.

◐ 어떤 서점들은 전통적 모습을 유지하는 반면 스헬트마는 비용을 많이 들여 현대식으로 시설을 바꾸고 투자를 했습니다.

골동품이나 100년이 넘은 오래된 책꽂이를 볼 수 있는 매력적인 서점은 이제 거의 찾기 힘들지 않나 생각합니다. 우리가 8년 전 이곳에 왔을 때 모든 것을 새롭게 만들어야 했습니다. 오래된 서가를 그대로 쓰려고 애를 썼지만 마음에 들지 않았습니다. 오래된 전통 서점만의 캐릭터나 특별함이 느껴지지 않았습니다. 우리가 여기 와서 서점을 인수할 때는 전혀 그런 모습을 찾아볼 수 없었습니다. 모든 것을 새롭게 해야 했습니다. 그래서 우린 런던에 있는 포일스(Foyles)로 갔어요. 그곳의 대표에게 "저는 암스테르담에 서점을 다시 열어야 하는 대표인데 이곳을 좀 봐도 되겠습니까" 물었고, 흔쾌히 승낙했지요. "서점 내부 디자인을 참고해도 될까요?"라는 질문에도 대답은 같았어요. 당시 우리는 이곳을 담당할 건축가가 없었어요. 모든 걸 우리 스스로 생각하고 고민했어요. 나와 우리 직원들은 런던의 서점으로 가서 배웠어요. 런던 포일스의 대표는 스헬트마 오픈식에 참석해주셨습니다. 그리고 너무 잘 만들어졌다고 좋아하셨고 자랑스러워했습니다. 우리 모두는 그에게 무척 감사했지요.

◐ 앞으로 스헬트마가 어떻게 기억되기를 바라나요?

좋은 질문입니다. 스헬트마는 여전히 노력하고 있죠. 우리는 고객들에게 놀라움을 줘야 한다고 생각합니다. 고객에게 감동과 놀라움을 줄 때, 우리는 더 발전할 수 있을 겁니다. 놀라움이라는 것은 고객에 대한 서비스이고 그 서비스는 고객이 원하는 것을 주는 것이라고 생각하죠. 예를 들자면 네덜란드 사람들은 요즈음 거의 온라인으로 상품을 구매합니다. 책 시장의 온라인 판매는 매출의 50%죠. 스헬트마 역시 20% 매출은 온라인에서 이뤄집니다. 상당히 높은 수준인데, 왜 이렇게 높을까요? 바로 암스테르담 내에서는 당일 배송으로 무료 배송이 시작되면서 늘었습니다. 아직 당일 배송은 이곳에서는 누구도 하지 못하고 있는데 우리가 시작했습니다.

◐ 팬데믹 시기 동안 서점은 어떻게 운영하셨나요?

코로나19로 전 세계적으로 끔찍한 상황이 연출되었지요. 저희도 봉쇄 조치로 몇 달을 문을 닫아야 했습니다. 몇 달 동안 서점은 죽은 듯이 고요했어요. 그렇다고 그냥 기다려, 가만히 앉아 있어? 이건 우리의 방법이 아니고 우리는 뭔가를 해야 한다고 생각했어요. 우선 온라인 주문 시 당일 배송을 시작했습니다. 팬데믹 시기는 우리에게 위기를 기회로 만들어주었어요. 두 번째는 우리는 고객과의 소통이 필요하다는 것을 알게 되었어요. 네덜란드 전역의 고객과의 소통 말입니다. 어떻게 할 수 있을까? 투자였습니다. 우리는 스튜디오 카메라와 방송 장비에 투자했습니다. 우리가 서점에서 하는 작가와의 이벤트를 방송해야 한다는 아이디어에 투자한 것입니다. 그 시기에 우리는 뭔가를 꾸준히 했습니다. 덕분에 우리는 지금까지와는 비교도 할 수 없을 만큼의 고객의 관심을 받고 있습니다. 정말 좋은 예를 말씀드릴게요. 매달 첫째 주 토요일에 어린이들을 위한 인형극 행사를 시작했어요. 스물다섯 명의 어린이가 서점에 왔고, 여기저기 바닥에 앉고 소리를 지르고 난리도 아니었어요. 더욱이 수백 명의 어린이가 우리 방송을 통해 이벤트를 봤어요. 그 아이들은 이곳에 온 적도 없는 아이들입니다. 이 이벤트는 우리에게 새로운 아이디어를 주었어요. 우리는 계속 고객과 소통해야 하고, 이 과정에서 고객에게 더 감사한 마음을 갖게 되었습니다. 저에게도 무척 중요한 일이 되었습니다.

ANTIQUARIAAT DE KAMELEON
더 카멜레온

+ Add Kleine Overstraat 81, 7411 JK Deventer **+ Business Hours** (목, 금, 토) 11:00~16:00
+ Email kameleonboek@hotmail.com **+ Website** www.kameleonboek.nl

"우리는 항상 같이 서점을 운영해왔습니다. 오래된 출판 그림을 수집하고 오래된 책을 함께 읽으면서 책에 대해 고민하죠." 서점주 부부는 책에 관한 모든 일을 함께한다.

"데벤테르 북 마켓이 열리면
고요하고 특별한 분위기가 펼쳐집니다."

-베리 보스훗

네덜란드 중북부의 오버레이설Overijssel주에는 인구 10만이 채 안 되는 작은 소도시 데벤테르Deventer가 있다. 동화책에서 방금 튀어나온 것처럼 아담한 도시지만 중세에는 아주 중요한 무역도시였고 그 역사적 흔적이 남아 있다. 큰 배가 정박할 수 있는 항구 덕분에 특히 출판인쇄 문화가 매우 발달했던 곳이다. 에이설Ijssel강을 끼고 있는 데벤테르는 해마다 8월이면 유럽 최대 규모의 책 축제(Deventer Book Market)를 준비한다. 네덜란드 전역의 유명 서점과 고서점 등이 참여한다. 중세시대부터 책의 생산지이자 유통지로 이름이 높았던 이 도시의 명성이 지금도 그대로 이어지고 있는 셈이다. 또한 31회를 맞이한 찰스 디킨스 축제Dickens Festijn도 이 지역의 자랑거리다. 찰스 디킨스Charles Dickens, 1812-1870가 데벤테르에서도 인기를 누리고 있다.

고서적의 향기가 머무는 공간

"데벤테르 북 마켓은 정말 큰 축제예요. 우린 6개의 큰 수레에 책을 판매해요. 모든 가족들이 그때는 함께 일합니다. 모두 그 수레에 실린 책들을 판매하죠. 그 시기에는 누구도 휴가를 떠날 수 없는 날입니다. 카멜레온이 그려진 셔츠를 입고 함께 일합니다." 데벤테르 북 마켓을 방문하는 이들이라면, 이곳의 터줏대감인 서점들도 살펴볼 만하다. 특히 1994년에 오픈한 고서점 더 카멜레온은 1만 2000권 이상의 아동 및 청소년 책을 소장하고 있으며, 데벤테르 북 마켓을 비롯한 다양한 도서전에 참여하고 있다. "얼마 전 단장 좀 했어요. 이제 내 아들이 새 주인이 돼요. 이 서점을 물려줄 겁니다." 서점 밖에서 푸근한 모습으로 이야기를 나누고 있는 70대의 노부부 베리와 내니 보스훗Berry & Nanny Bosgoed. 부부의 서점은 이 도시에서 가장 오래된 서점 중 하나다. 이들은 늘 책에 관한 모든 일을 함께하며 서점을 운영해왔다. 부부는 고서적

"예전에 병원에서 근무하던 시절 환자들을 도울 때와는 다른 느낌이지만, 뭔가를 도왔다는 만족감이 들지요."
중세 수도원을 그린 그림을 설명해주는 서점주 부부는 중고 서점을 운영하면서 뿌듯함을 느낀다.

전문가이자 복원기술자로, 꽤 많은 희귀본을 소장하고 있는 걸로도 유명하다.

"남편은 오래전 출판된 책을 많이 수집했답니다. 수집한 책은 보관용이 아니라 독서로 활용할 수 있으니, 난 남편의 취미가 너무 좋다고 생각했어요"라며 내니는 그들이 서점을 시작하게 된 계기를 설명해준다. 부부는 두 사람 모두 병원에서 일하던 간호사였다. 25년간 간호사로 근무하던 이들은 남편 베리가 고서를 취미로 수집하다가 고서점을 운영하게 되었다. 그 이후 복원 과정 교육을 받고 책을 만드는 전반적인 과정을 하나둘씩 배워나갔다. 아내 내니는 어린이들 책에 관심 많아서 아동용 고서적 복원 작업을 하고 있다.

"이 책은 책꽂이에서 아주 오랫동안 읽히지 않은 채 닫혀 있던 책입니다. 이 책은 두 개의 부분이 한 권으로 묶여 있습니다. 두 부분의 색깔이 명확하게 차이가 납니다. 첫 번째 부분이 1600년대 후반, 두 번째 부분이 1750년 즈음에 만들어졌습니다. 이 부분을 보세요. 종이가 훨씬 좋습니다. 종이 질의 변천을 비교해볼 수 있어요. 여기(두 번째 인쇄본)도 역시 수제 종이를 사용한 것입니다. 오랫동안 사용되었지요." 수염을 멋지게 기른 서점주 베리는 책장에서 녹색 표지의 책을 꺼낸 후, 고서에 대한 해박한 지식을 자연스럽게 드러낸다. 손수 제작하던 종이의 상태뿐만 아니라 고어와 현재어의 차이를 옛 서적에서 찾아볼 수 있다는 점을 강조하기도 했다.

데벤테르가 책의 도시가 된 것은 중세시대의 종교 활동과도 관련이 깊다. 당시 이 도시에서 수도사들의 영성운동이 일어났는데, 그들의 철학을 전파하기 위한 책들이 많이 필요해지면서 자연스럽게 출판 붐이 일어났다. 서점에는 당시 이 도시에서 그려진 족자가 있다. "이건 오래전 학교 수업에 사용된 중세 수도원을 그린 그림입니다. 책을 만드는 과정을 그림으로 표현한 것인데 거의 1400년, 1500년에 책을 만들던 과정이 이 그림 속에 나타나 있어요. 그 당시는 직접 손으로 한 글자 한 글자 쓰는 작업을 했고요." 당시에는 금장과 은장은 물론 아주 오래된 채색 안료들을 사용해 직접 모든 것을 손으로 작업해서 그림을 그려냈다. 그림 한 장을 그리는 데 오랜 시간이 걸려 아주 소량의 책만 발행되었고 아주 비싼 가격일 수밖에 없었다.

이 서점을 방문하면 잊지 말고 꼭 지하로 내려가봐야 한다. 지하실로 내려가면 중세 미로 같은 모습이 펼쳐지는데 짙은 책 냄새에 중독된다. 책과 다양한 인쇄물 외에도 위층을 지탱하는 특별한 기둥을 발견할 수 있는데, 15세기 건물이라는 것을 입증하듯 놀랍게도 둥근 화강암 기둥이 숨 쉬고 있다. 무엇보다 아늑하면서 고풍스러운 고서점의 기운을 즐길 수 있다.

데벤테르에서 만나는 출판 문화
book & culture
아테네움 도서관(Athenaeumbibliotheek)

아테네움 도서관은 1560년 데벤테르에 건립된 시립도서관이다. 네덜란드는 물론 서유럽에서 가장 오래된 도서관으로 역사적인 가치가 매우 큰 곳이다. 중세시대에 출간된 책들이 있다. 데벤테르는 네덜란드에서 최초로 인쇄기가 도입된 도시였다. "아주 흥미로운 사실은 데벤테르의 인쇄 기기가 발명 직후 아주 빠르게 이곳에 정착하게 되었다는 것입니다. (네덜란드) 최초의 인쇄기가 이곳에 있었죠. 데벤테르는 중세시대부터 필사본 책이 많아 책의 도시로 명성이 자자했습니다. 그 결과 1477년 데벤테르에서 첫 번째로 인쇄된 책이 출판되었고 데벤테르는 네덜란드의 중요한 인쇄도시 중 하나가 된 것입니다. 우리 도서관은 1477년에 인쇄된 책 세 권을 소장하고 있습니다"라며 수잔 더용 아테네움 도서관 고서 담당이 설명한다.

United Kingdom

영국

서점,
영원한 숨결을 얻다

경이로운 섬나라, 영국은 수 세기 동안 세계의 문화 콘텐츠를 이끌어온 보물섬이다. 영국 문학을 대표하는 윌리엄 셰익스피어, 제인 오스틴, 찰스 디킨스의 작품은 세계의 유산이 됐다. 명탐정 셜록 홈스나 에르퀼 푸아로가 등장하는 추리소설과〈반지의 제왕〉〈해리 포터〉같은 판타지 시리즈 역시 전 세계인이 사랑하는 베스트셀러다. 마르지 않는 이야기의 샘, 영국 문화의 힘은 과연 어디에 있을까. 그 중심엔 책을 영원히 살아 숨 쉬게 만드는 서점이 있다. 영국의 서점은 쉬지 않고 힘차게 박동하는 유럽 문화의 심장이자 아날로그 문화의 낭만이다. 런던에서 오스카 와일드의 유산을 만나보고 이어서 영국의 북쪽, 노섬벌랜드와 스코틀랜드로 향한다.

HATCHARDS 해차즈

+ Add 187 Piccadilly St James's London W1J 9LE **+ Business Hours** (월~토) 9:30~20:00 (일) 12:00~18:00
+ Email support@hatchards.zendesk.com **+ Website** www.hatchards.co.uk

1797년 개업한 해차즈는 1820년대 샬럿 여왕의 왕실에 서적을 납품하면서 빠르게 성장해 빅토리아 여왕이 군림하던 1850년대에 공식적인 왕실의 증서를 받았다.

"그녀의 삶, 그녀 자신은 아주 멀리 퍼져 나가리라. 그런데 해차즈 가게의 진열장을 들여다보면서 그녀는 무엇을 꿈꾸고 있지? 그녀가 되찾으려 하는 것은 무엇일까? 펼쳐져 있는 책 속에서 보았던 것 같은 시골 하얀 새벽의 어떤 이미지인가."

버지니아 울프Virginia Woolf, 1882-1941의 1925년 소설 〈댈러웨이 부인Mrs. Dalloway〉에서 우아한 귀부인 클라리사 댈러웨이는 그날 밤 파티를 열기 위해 직접 꽃을 사러 나선다. 런던에서 걷는 것을 좋아하는 그녀는 한순간 서서 피커딜리 거리에 있는 버스들을 바라본다. 또 걸음을 멈춘 후 서점 진열장에 놓인 책들을 바라보며 자신이 어떤 삶을 꿈꾸는지 잠시 생각한다. 댈러웨이 부인이 미래를 고민하던 소설 속의 그 서점이 바로 해차즈다. 약 100년 뒤, 이제는 댈러웨이 부인을 매혹시켰던 서점 진열대 위에서 소설 〈댈러웨이 부인〉을 찾을 수 있다.

런던을 방문한 여행객이 독특한 문화와 예술을 즐기기 위해 자주 찾는 곳으로 언제나 활기 넘치는 소호Soho와 코번트 가든Covent Garden을 빼놓을 수 없다. 더불어 내셔널 갤러리The National Gallery와 트래펄가 광장Trafalgar Square을 거닌 미술 애호가들이라면 런던에서 가장 오래된 서점을 즐기기 위해 피커딜리Piccadilly로 발길을 향해도 좋다. 왕립미술아카데미Royal Academy of Arts 부근에 위치한 해차즈는 3층 건물 전체가 서점이다. 입구에 들어서는 순간 마치 유서 깊은 박물관에 방문한 기분이 든다. 1797년 존 해차드John Hatchard가 손수레 책방으로 시작을 했으니 서점의 역사가 무려 226년이나 된다. 당시 해차드는 겨울 내내 그 수레 위에서 보냈다. 야외에서 장사하는 것이 너무 추워서 지금 이곳으로 이사를 오게 된 것이다. 이후로는 한 번도 피커딜리를 떠나지 않고 책을 판매하고 있다. 조지아 시대Georgian era, 1714-1830부터 2세기 동안 도시의 랜드마크였던 해차즈엔 자랑거리도 많다. 먼저 로열 워런트Royal Warrant, 즉 영국 왕실 인증 마크를 볼 수 있다. 엄격한 심사를 거쳐 5년 이상 왕실에 납품한 업체에게만 주어지는 인증이다. 심지어 엘리자베스 여왕, 필립 공, 찰스 황태자의 인증까지 3개의 인증을 서점에서 직접 확인할 수 있다. 이 세 사람의 인증을 모두 받은 곳은 흔치 않다. 그러니 해차즈의 자부심이 대단한 것도 충분히 이해가 간다.

"왕실 공급업체 인증에는 여왕 폐하가 주는 것, 부군인 필립 공이 주는 것 그리고 황태자가 주는 것, 이렇게 세 가지 종류가 있습니다. 우리 서점은 세 가지를 모두 받았습니다." 해차즈 총지배인 프랜시스 클레버든Francis Cleverdon이 설명한다. 로열 워런트가 빛나는 해차즈에는 별도의 왕실 서적 코너가 있다. 순수하게 영국 왕가에 관련된 서적들로만 구성되어 있다. 에드워드 8세Edward VIII, 1894-1972부터의 이야기를 현대사의 일부분이라고 판단해 왕실 서적 코너에 두고 있다. 에드워드 8세 이전의 이야기는 역사로 분류하여 역사 코너에 둔다. 즉 에드워드 8세부터 조지 6세George VI, 1895-1952, 엘리자베스 2세Elizabeth II, 1926-2022를 왕실 서적 코너에 배치하고 있다. 그 후손들과 공주, 왕자들을 포함하고 있다.

오스카 와일드의 영혼이 깃든 해차즈

유명 작가들과의 인연도 서점의 빼놓을 수 없는 자랑거리다. 이곳엔 오래된 영국식 테이블이 자리를 지키고 있다. 해차즈가 이 고풍스런 테이블을 소중하게 여기는 이유는 19세기 말의 천재 극작가이자 시인이던 오스카 와일드Oscar Wilde, 1854-1900의 테이블이기 때문이다. 탁자에 얽힌 이야기는 이렇다. 오스카 와일드는 자신이 쓴 연극이 무대에 오르는 것을 보기 위해 주변 극장에 가고 있었다. 가던 길에 이곳을 들렀는데 마침 원고 초안이 서점에 와 있다는 걸 알았다. 그는 "잘됐군, 여기서 교정을 봐야겠어"라고 말하며 자리에 앉았다. "아냐, 아냐, 맞아, 아냐" 하면서 처음부터 끝까지 교정을 보고 나서 자기 갈 길을 갔다. 약 3주 후 그는 체포되어 감옥에 갔고 다시는 런던에서 그를 볼 수 없었다. 그는 동성애 혐의로 수감되면서 불명예를 안게 되었다. 그렇다고 테이블에 관련된 일화만 있는 것은 아니다.

그로 인한 비극적인 사랑의 흔적도 이곳에 남아 있다. 와일드는 해차즈를 자주 드나들었고, 와일드의 첫 번째 잠언 모음집(짧은 글과 좋은 경구)을 함께 내기도 했다. 그에게 좋은 친구이자 매니저 역할을 했던 그의 아내 콘스탄스 로이드Constance Lloyd, 1858-1898가 모았다. 해차즈의 고서적을 보관하는 공간에서 프랜시스 총지배인이 와일드 부인이 보낸 편지를 꺼내서 보여준다. "오스카 와일드가 감옥에 있을 때 〈레딩 감옥의 노래The Ballad of Reading Gaol〉(1897)라는 멋진 작품을 썼죠. 그런데 그의 부인에게 아무것도 안 보낸 겁니다. 당시 부인은 프랑스 남부에서 살고 있었죠.

해차즈에선 오스카 와일드가 교정 볼 때 쓰던 테이블을 여전히 사용할 수 있다. "테이블은 사용하라고 있는 거죠. 이 테이블이 없다면 우리 서점이 많은 작가들 사이에서 유명했다는 것을 모르는 사람이 많을 겁니다." 총지배인이 소중한 테이블을 꺼내 놓은 이유에 대해 설명한다.

부인이 오스카가 보내지 않은 그의 신간 복사본 3부를 보내달라고 요청하는 내용이 써 있습니다. 그녀는 '오스카가 이제 더 이상 저와 대화하지 않으려는 것 같아요'라고 썼어요. 가장 슬픈 편지 중 하나예요.'"

서점 위층에는 임원 회의실이 있다. 시간이 지나면서 조금씩 바뀌기는 했지만 지금도 거의 비슷한 모습이다. 여기에서 1820년 왕립문학협회 The Royal Society of Literature 가 첫 회의를 했고 현재 문학의 발전을 위해 설립한 가장 오래된 단체가 되었다. 해차즈가 영국 문학계와 얼마나 깊이 연관되어 있는지 보여주는 하나의 예다. 시대가 필요로 할 때 해차즈 서점은 늘 앞장서서 도왔다. 이렇듯 문학계와 긴밀했던 해차즈에는 독특한 운영 방식이 있다. 다른 서점에서 흔히 볼 수 있는 베스트셀러 섹션이 없다. 대신 각 층에 전문가들이 있고 직접 섹션을 큐레이팅해서 고객들에게 보여주는 것을 선호한다. 각 테이블에 책을 배치해놓고 책을 추천한다. 그것이 해차즈가 책을 판매하는 방식이다. 또한 모든 코너에 손으로 쓴 추천의 글이 붙어 있다. '렉카드(추천 카드)'라고 불리는 작은 메모는 책을 찾는 고객에게 등대 같은 역할을 한다. 촌철살인의 추천사는 책을 사랑하는 고객들에게 즐거움을 주기 때문이다. 어떤 책에 대한 추천 글을 본 후 마음을 사로잡은 사람이 있으면 그 사람이 쓴 다른 추천 글을 찾아 서점 이곳저곳을 돌아다니는 고객이 있을 정도다. 이곳의 단골손님들은 적극적으로 추천 카드를 잘 이용하고 있다. "추천 카드를 쓰는 것은 현장의 직원들이 시간이 있을 때마다 하는 일이에요. 그러니까 형식적이지 않은 일이라고 할 수 있어요. 항상 추천 카드를 업데이트하려고 노력합니다. 알아볼 수 없는 정도의 손글씨만 아니라면 사람들이 좋아하는 것 같아요"라며 도서 전시 담당인 클레어 로즈 Claire Rose는 귀띔한다. 클레어는 영화로도 제작되어 인기를 누렸던 스테프니 메이어 Stephenie Meyer의 베스트셀러 〈트와일라잇〉에 대해 "사랑과 그리움의 고전. 경이로운 중세 뱀파이어 모험이 여기서 시작합니다"라고 멋진 추천사를 써놓았다. 영국에서 한 해 20만 권의 책이 출판되는 것을 감안하면 '추천 카드'는 이 수많은 책들이 좋은 독자와 만날 수 있도록 가교 역할을 해주는 셈이다.

해차즈는 손으로 직접 쓴 촌철살인의 추천사뿐만 아니라 많은 작가들에게 사인회를 요청하는 덕분에 서점에 사인북이 많은 것으로 유명하다. 책 관련 이벤트를 자주 열면서 대중과 소통하기 위해 노력한다.

진열된 책에 또 다른 노하우가 있다. 해차즈는 책을 분류하는 방법도 개성이 넘친다. 예를 들면, 책 속의 명문장에서 연상되는 주제의 책들을 한데 모아두는 식이다. 1953년 노벨문학상을 수상한 영국 총리 처칠 책장이 눈에 들어온다. 윈스턴 처칠 Winston Churchill, 1874-1965에 대한 책, 선물용 어린이 명작 등 해차즈를 믿고 찾아오는 이들이 좋아할 만한 책들을 골라 서가를 정성스럽게 꾸며놓는다. 오프라인 서점이 발견한 일종의 생존비법인 셈이다. 아날로그적인 감동과 소통! 이를 통해 해차즈는 디지털에 익숙해진 사람들을 다시 서점으로 돌아오게 한다. "서점에 오면 들어보지 못한 저자의 책을 고를 수도 있죠. 그 이유가 추천을 받았거나 책장에 꽂혀 있는 걸 우연히 골랐거나 표지가 마음에 들어서라면 온라인에서는 이런 경험을 할 수가 없어요." 영국 출판산업에 관한 뉴스를 다루는 잡지 〈더 북셀러 The Bookseller〉 편집장 필립 존스 Philip Jones는 해차즈만의 특별함에 대해 말한다.

    해차즈는 그들이 계속 해오던 대로 최선을 다해 책을 판매하고 있지만 독자들의 요구를 수용하는 것도 게을리하지 않는다. 작가, 대중과의 소통을 위해 많은 이벤트를 개최한다. 올해 2월, 나이지리아 출신 작가 아요바미 아데바요 Ayobami Adebayo의 새 소설 〈어 스펠 오브 굿 씽스 A Spell of Good Things〉, 역사가 세라 와틀링 Sarah Watling이 스페인 내전을 다룬 책 〈투모로우 퍼햅스 더 퓨처 Tomorrow Perhaps the Future〉 등으로 작가와의 만남을 진행한 바 있다. 많은 작가들에게 사인회를 요청하고 있는데, 사인북이 많은 것으로 유명하다고 자부할 정도다. 새로운 웹사이트 역시 시작한 지 얼마 안 되었지만 반응이 뜨겁다. 영국 서점의 살아 있는 전설 해차즈엔 세기를 관통하는 남다른 사명감이 있다. "사람들이 책 한 권 사기 위해 우리 서점에 들어왔다가 마음에 드는 책을 더 많이 발견하게 되는 그런 서점이 되고 싶어요. 저자들, 출판업자들과 계속 가까운 관계를 유지하는 서점이 되고 싶습니다. 그리고 무엇보다 새로운 작가들을 지원하는 전통을 이어나가고 싶습니다. 인지도가 없더라도 실력이 좋은 신진 작가들을 지원하고 싶어요"라며 프랜시스 총지배인은 전통이 빛나는 서점답게 품위 있는 포부를 밝힌다. 해차즈는 2014년 또 하나의 매장을 세인트 판크라스 역 St Pancras railway station에 오픈하면서 런던 시민들에게 더욱 가깝게 다가갔다(2019년에 역내 더 넓은 공간에서 다시 문을 열었다).

WORD ON THE WATER
워드 온 더 워터

+ Add Regent's Canal Towpath, London N1C 4LW **+ Business Hours** 12:00~19:00
+ Email 웹사이트 참조 **+ Website** www.wordonthewater.co.uk

런던을 대표하는 전설적인 서점 해차즈를 방문했다면 이번에는 런던의 명물로 불리는 이색 서점도 구경해보자. 튜브라 불리는 런던 지하철을 이용하면 피커딜리 서커스Piccadilly Circus 역에서 쉽게 킹스크로스 세인트 판크라스King's Cross St. Pancras 역으로 찾아갈 수 있다. 1852년에 문을 연 킹스크로스 역(2012년 복원)을 감싸고 흐르는 리젠트 운하Regent's Canal 주변은 낭만이 넘친다. 이곳에 자리한 독특한 서점도 그 낭만의 물결에 한몫하고 있다. 놀라지 마시라. 바로 배 위에 위치한 서점이다. 이른바 런던 북바지Bookbarge. 100살이 된 네덜란드 바지선이 매장이다. 이런 환상적인 서점을 꿈꾼 주인공은 옥스퍼드 영국문학 학위가 있는 패디 스크리치Paddy Screech와 미국문학 석사 학위가 있는 동업자인 조나단 프리벳Jonathan Privett이었다.

"저는 약 15년 전에 배에 살기 시작했고 그때 처음 만난 친구 존과 함께 이 서점을 운영하고 있습니다. 몇 년간은 존과 함께 계획하면서 시간을 보냈죠. 19세기 런던의 바지선들처럼 우리가 진짜 배 위에서 생활하면서 동시에 일을 할 수 있을지 고민했어요. 그러다 우리는 배를 발견했습니다. 바로 이 보트죠. 사업 초기에는 어려운 일이 많았어요. 그해 첫 겨울은 정말 끔찍했죠. 우리는 런던 어디에서 책을 팔아야 할지 몰랐고, 언제 날씨가 나빠질지 몰랐고, 언제 사업이 어려워질지 몰랐죠. 우리에게 두 가지 시련이 동시에 찾아왔습니다. 누군가 배를 거의 침몰시킬 뻔했어요. 해상 화장실을 열어둔 채로 나와서 물이 넘쳐버린 거죠. 제 친구 존이 살고 있던 배는 실제로 가라앉기도 했습니다. 첫해에는 자포자기했지만 점차 시간이 지나면서 상황이 나아졌습니다. 결국 우리는 간신히 이곳, 런던 킹스크로스에 있는 그래너리 광장

'워드 온 더 워터'라는 독특한 이름에서 알 수 있듯 1920년대산 네덜란드 로테르담식 배에 기반을 둔 서점이다.
"누군가의 침실이던 공간을 수년에 걸쳐 널빤지로 기둥을 세우고 우드스테인을 칠해 서점으로 만들었습니다. 이곳을 소설과 시가 장악했죠."
패디 스크리치 서점주는 신나게 설명한다.

Granary Square에 영구적으로 계류할 수 있게 되었어요. 이건 소셜미디어 팔로워들의 지지 덕분이었습니다. 그들이 인스타그램에 수년간 저희 배 사진을 올려줬거든요. 우리는 그게 이렇게 큰 도움이 될 줄 정말 몰랐습니다. 신문과 텔레비전에 나올 수 있도록 이메일을 써준 사람들에게 정말 고마움을 느낍니다. 결국 운하는 우리에게 영원한 집을 제공해주었고, 우리는 그 이후로 쭉 여기에 있습니다." 패디 스크리치 공동서점주는 설립한 2011년부터 이 서점이 자리 잡기까지의 어려운 과정과 많은 이들의 도움을 회상했다.

이들은 배의 갑판을 무대 삼아 재즈나 포크 음악을 연주하는 라이브 음악회, 시낭송회, 신간 발표회 등을 정기적으로 열고 있다. 신진 작가들이 책을 론칭하는 장소로 선택하기도 한다. 런던에서 이렇게 떠다니는 서점은 이곳이 유일하다. 이런 비슷한 서점이 있었지만 살아남은 건 그들이 유일하다. 이들이 성공할 수 있었던 요인 중 하나는 자릿세에 대한 부담에서 벗어난 점이 크다. 그들의 서점은 선상에 있고, 정박 비용만 내면 되기 때문이었다. 그렇게 특이점을 가진 서점으로 남을 수 있었다. 무엇보다 '워드 온 더 워터'는 영문학 서점이다. 다른 서점에 비하면 서점에 있는 책은

런던에서 이렇게 떠다니는 서점으로 생존한 것은 워드 온 더 워터가 유일하다. "방문객들이 다양한 문화에 노출될 수 있는 곳이 런던에 있고, 우리 서점이 바로 그 공간이 될 수 있다는 점이 매우 자랑스럽습니다"라며 패디는 자부심을 숨기지 않는다.

10분의 1밖에 되지 않는다. 따라서 이들은 자신의 강점에 집중하기로 결정했다. 문학 영역에 있어 그들은 영국문학과 미국문학으로 나뉜, 일종의 문학 지도를 가지고 있다. 서점이 배 위에 위치해 있고 음악이 함께한다는 강점이 있지만 소장하고 있는 책 역시 이 서점이 가진 특별한 점이다. 그들은 단순히 대형 프랜차이즈 서점이 가지고 있는 책을 판매하고 싶지 않았다. 그래서 서점주 두 명이 직접 읽어보고 좋다고 느낀 책들을 골랐다. 컬트, 현대 문학, 1950~60년대의 혁신적인 책들, 그리고 폭넓은 시를 많이 소장하고 있는데 이 점은 다른 구멍가게 서점들과의 차별점이다.

영국의 공연 시인인 케이 템페스트 Kae Tempest가 무명 시절에 이곳에 와서 큰 코트를 입고 공연한 적이 있다. 최근 많은 유명인들이 이 서점을 방문했다. 〈드레스를 입은 소년 The Boy in the Dress〉(2008)으로 유명한 영국의 동화작가 데이비드 월리엄스 David Walliams는 SNS에 "워드 온 더 워터가 요즘 들어 가장 마음에 드는 서점이었다"고 글을 남겨주었고, 스파이 소설의 대가인 존 르 카레 John Le Carre, 1931-2020는 살아생전에 서점을 찾아와 몇 권의 책에 사인을 해주기도 했다. 이들이 희망한 것은 단순한 서점이 아니었다. 처음 이 사업을 시작할 때부터 고객이 이곳의 모든 서비스를 이용할 때 꼭 돈을 내지 않더라도 좋다고 생각했다. "우리는 항상 단순한 서점이 아니라, 문화가 꽃피는 공간이 되기를 바랐습니다. 제 친구가 늘 말하듯, 덤불 속에서 새가 날아오르는 것처럼요. 그리고 그 목표를 어느 정도 달성한 것 같아 매우 자랑스럽습니다"라며 패디 스크리치는 서점을 지지하는 이들에게 고마움을 전했다.

BARTER BOOKS 바터 북스

BARTER BOOKS

+ **Add** Alnwick Station, Northumberland NE66 2NP
+ **Business Hours** 9:00~19:00
+ **Email** bb@barterbooks.co.uk   + **Website** www.barterbooks.co.uk

런던에서 300마일 이상(약 500킬로미터) 떨어진 곳, 〈로빈 후드〉(1991), 〈해리 포터〉 시리즈 등 영화촬영 무대로 유명한 영국 북부의 안위크 성Alnwick Castle으로 떠나자. 1096년에 건설된 위풍당당한 중세 성으로 계단식 분수를 지닌 안위크 가든과 함께 해마다 60만 명 이상의 관광객이 찾는다. 안위크에는 성이나 정원만큼 많은 이들의 사랑을 받는 곳이 또 있다. 이젠 사라진 옛 철길을 따라가다 보면 영국에서 가장 독특한 서점과 만나게 된다. 노섬벌랜드Northumberland 안위크에 위치한 영국 최대의 중고 서점(약 743제곱미터)이다. 이곳은 1968년 문을 닫은 안위크 역을 개조해서 만든 서점으로, 1991년 문을 열었으며 35만여 권의 책을 보유하고 있다. 오르세 미술관Musée d'Orsay이나 함부르크 반호프 미술관Hamburger Bahnhof이 기차역을 미술관으로 개조해 사랑을 독차지했다면 바터 북스는 역사(驛舍)를 책으로 가득 채웠다.

"모든 이들이 서점을 하지 말라고 얘기했어요. 절대 될 수 없을 거라고. 하지만 우리는 믿었죠. 첫날부터 잘 돌아갔어요."(메리)
"그리고 멈추지 않았죠!"(스튜어트) 공동서점주인 스튜어트와 메리 부부가 서점의 출발을 회상한다.

옛 기차역에서 중고책의 재발견

"뉴캐슬로 가는 기차표를 드릴까요? 1등석으로 드릴까요, 2등석으로 드릴까요? 이곳은 55년 전 기차역 화물사무소의 일부분이었던 매표소입니다. 지금은 이렇게 진열장도 설치해 기차역의 멋진 특징을 그대로 살리고 있지요." 기차표를 판매하는 듯 흉내 내는 인물은 바터 북스 공동서점주 스튜어트 맨리Stuart Manley다. 그는 평생 기차를 사랑해왔고, 특히 증기기관차를 좋아했다. 이 낡은 기차역에 정착한 이유 중 하나는 기차에 대한 남다른 애정 때문이었다. 기차역이었던 흔적은 서점 곳곳에서 쉽게 발견된다. 증기에 그을린 벽, 서가 바닥에 또렷하게 보이는 옛 철길 자국들이 남아 있다. 서점주가 좋아하는 것 중 하나는 식수대다. 원래 있던 식수대에 컵을 실물 복제품으로 제작해 달았다. 아담한 수도꼭지를 달았는데 스튜어트가 복원한 기차역의 여러 특징 중 하나다.

빅토리아 시대에 윌리엄 벨William Bell, 1789-1865이 설계한 안위크 역은 1887년에 완성되었다. 19세기 세계 최대의 철도망이었던 '노스 이스턴 레일웨이NER'의 일부분으로, 런던과 에든버러Edinburgh를 연결하는 중요한 환승역이었다. 안위크 역은 19세기 노섬벌랜드 공작을 찾아오는 왕족에게 깊은 인상을 주기 위해 건설되었다. 서점의 주인은 한때 왕족들의 마음까지 사로잡았던 기차역의 고풍스러운 모습을 최대한 복원하려고 노력했다. 그렇다고 서점의 특징이 기차뿐이라고 생각해선 곤란하다. 서가 사이에 놓인 안락한 의자에는 서점을 찾는 손님을 생각하는 주인 부부의 경영 철학과 따뜻한 배려가 담겨 있다. "전 사람들이 들어왔을 때 서점을 편안하게 느꼈으면 해요. 굳이 책을 사지 않더라도 편안하게 앉아서 책을 읽기도 하고요. 그래서 모든 사람을 위해 서점 전체에 그런 공간을 마련했어요"라고 공동서점주 메리 맨리Mary Manley는 설명한다. 그녀는 많은 서점이 문을 닫는 경제적 위기나 팬데믹을 겪으면서도 포기라는 걸 생각해본 적이 없다.

부부의 사랑으로 키워낸 서점

그렇다면 이 특별한 서점은 어떻게 시작됐을까? 모든 것은 맨리 부부의 사랑이야기로 시작된다. 30여 년 전, 스튜어트는 창고로 쓰이던 기차역에서 촬영용 축소 모형을 제작하고 있었다. 그러던 어느 날, 메리라는 여인에게 첫눈에 반했다. 그는 기차 모형을 갖고 미국에 3주 출장을 갔는데, 당시 뉴욕의 뉴어크 공항에서 메리를 만났고 우연히 같은 비행기를 타게 되었다. 스튜어트가 메리에게 슬쩍 쪽지를 전했을 때 그를 바라봤다. 메리가 기억하는 스튜어트의 첫인상은 수염이 있는 남자였다. 그가 카다피(독재자)를 닮았다고 생각했지만 '당신이랑 얘기하고 싶어요. 당신도 그렇다면 손을 들어주시겠어요?'라고 적혀 있는 쪽지에 반응했다. 메리는 주저 없이 손을 번쩍 들었다. 그렇게 그들의 대화는 시작되었고, 3년 뒤 결혼으로 이어지면서 그 사랑의 힘이 오늘날의 서점을 가능하게 만들었다.

이들은 은행 대출 때문에 빚이 있었고 뭔가 방법을 찾아야만 했다. 월세를 내는 걸 도우면서 메리가 직접 할 수 있는 일을 떠올렸다. 그녀는 뉴욕 중고 서점에서 일한 적이 있었고, 그 일을 몹시 사랑했기 때문에 망설임 없이 중고 서적 판매가 대안이 되었다. 4000파운드를 가진 그들은 역의 앞쪽 일부만 서점으로 이용할 정도로 작은 규모로 시작했지만, 창업 2년 차에는 건물의 앞쪽 전체와 뒤쪽까지 사용할 정도로 빠르게 성장해 나갔다. 점진적으로 꾸준히 확장한 결과, 10년 정도 지났을 때 오늘날의 규모가 되었다. 빚을 청산한 이후에는 모든 것을 서점에 투자했다. 그 이후부터 메리가 서점을 위한 다양한 아이디어를 낼 수 있었다. 수리뿐만 아니라 벽화, 조명, 조각품들을 구입해 꾸미면서 오늘날의 독특한 공간이 되었다. 부부는 사람, 책, 이야기가 넘치는 기차역을 닮은 서점을 만들고 싶었다. 운영 아이디어는 메리가, 현실적인 문제 해결은 스튜어트가 담당했다. "메리가 아이디어를 내면 제가 그 비용을 감당할 수 있게 하는 거죠. 이 두 역할은 서로 궁합이 잘 맞아요. 전 사업으로 유지할 수 있도록 회계적인 부분을 담당하고 있어요. 제 배경이 경영이고 전 사업가니까요. 이 구조는 굉장히 탄탄해요. 둘이 같이 할 만한 가치가 있는 것인가, 우리가 그 비용을 감당할 수 있는가를 결정하죠"라며 스튜어트는 부부가 일하는 방식을 설명한다. 서로를 '파트너'라고 칭하는 두 사람은 손발이 척척 맞았고, 바터 북스를 명실상부한 '지식의 환승역'으로 키워냈다.

스튜어트가 옛 대합실로 안내한다. "아마 이 기차역에서 원형을 가장 잘 유지하고 있는 곳일 겁니다. 이 방에 있는 대부분은 1887년에 있던 것과 똑같은 것입니다. 원형의 벽, 타일, 벽난로 그리고 앉을 수 있는 자리의 위치까지 이 역의 예전 모습을

역의 흔적을 서점의 옛 대합실에서 찾을 수 있다. 1887년에 만들어져 현재까지 작은 부분을 제외하고는 거의 원형을 유지하고 있다. 현재는 토크쇼나 영화 촬영을 진행하는 등 다양한 용도로 사용하고 있다.

서점의 커다란 벽화에는 작가들의 모습이 실제 인물 크기로 그려져 있다.
메리가 선정한 작가는 셰익스피어를 비롯해 전 세계에서 영어를 사용해 작품 활동을 한 사람들이었다.

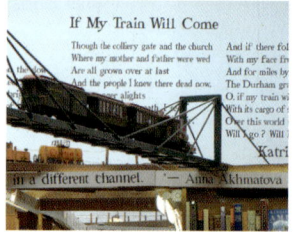

서점의 상징인 모형 증기기관차와 항상 만날 수 있다. 스튜어트의 기관차 사랑은 멈출 줄 모른다. 기차에 관한 책이 있는 섹션을 가장 좋아한다고 얘기할 정도다. 옛 기차역과 중고 서적들은 오랜 시간을 품은 채 사람들을 기다린다는 공통점이 있다.

그대로 보여주고 있죠. 다른 점은 쿠션이 있다는 정도일 겁니다. 당시에는 쿠션과 같은 럭셔리함을 누릴 수 없었거든요." 융성했던 빅토리아 시대의 상징인 증기기관차는 이제 사라졌다. 하지만 대신 책장 위를 쉴 새 없이 달리는 모형 기차가 있다. 어느새 서점의 구경거리로 자리 잡았다. 책장 사이로는 모형 기차의 기적소리와 함께 샤를 보들레르Charles Baudelaire, 1821-1867와 스테판 말라르메Stephane Mallarme, 1842-1898의 시가 흐르는 서점이다. 책장 위에는 시가 적혀 있다. '거기엔 모든 것이 질서와 아름다움/ 화사함과 고요, 그리고 관능뿐'(보들레르의 시 '여행에의 초대' 중에서) '육체는 슬프다/ 아아! 나는 모든 책을 다 읽었구나'(스테판 말라르메의 시 '바다의 미풍' 중에서) 등의 문구가 눈에 들어온다.

서점의 수호천사가 된 벽화

바터 북스는 어느새 여행객들이 아름다운 추억을 만들어 가는 관광 명소가 됐다. 서점의 또 다른 명물은 독특한 벽장식이다. 친근한 벽화가 한눈에 들어온다. 영문학사에 큰 획을 그은 대가들이 실물 크기로 그려져 있다. 버지니아 울프, 제인 오스틴, 조지 엘리엇, 윌리엄 예이츠, 어니스트 헤밍웨이, 조지 오웰, 윌리엄 셰익스피어와 오스카 와일드까지. "많은 고객이 벽화를 잘 못 보고 놓쳐서 아쉬워요. 왜냐면 그들은 바로 서점으로 들어오거나 기차를 보러 가거든요. 위를 올려다보지 않죠. 하지만 위를 보는 고객들은 벽화를 있는 그대로 받아들이죠. 젊은이가 그린 환상적인 그림이라고 생각한답니다. 〈가디언〉에서 영국의 숨어 있는 보물에 포함될 정도니까요"라며 벽화(Famous Writers Mural) 감상을 권한다. 메리의 제안대로, 대문호들과 눈을 맞추고 있으면 함께 있다는 행복감에 젖어든다. 시공간을 뛰어넘는 작가와의 소통 공간은 어떻게 만들어졌을까? '대문호를 만날 수 있는 서점'이라는 멋진 아이디어 역시 그녀로부터 나왔다. "벽화를 떠올린 순간을 아직도 기억해요. 그때 계산대에 있었고 미술 섹션 쪽을 쳐다봤죠. 그러다 그 위에 천장까지 이어진 세모난 공간을 봤죠. 그런데 저에게 '벽화!'라고 소리치는 것 같았어요. 제가 무엇을 할 수 있을까 생각했죠. 저는 여기 오기 전까지 미술사를 가르쳤어요. 이곳에서 로마 라파엘Raphael의

피터 도드는 "벽화가 서점의 일부분이 되길 원했어요. 서점의 정신이 되길 바랐죠. 사람들이 벽화를 보고 서로 상호작용 하면서 기뻐했으면 좋겠어요"라고 말한다.

벽화가 생각났죠. 그 벽화를 가질 수는 없지만 작가들을 그린 벽화는 가질 수 있지 않을까 생각했고 이 일에 딱 맞는 사람이 떠올랐어요. 당시 그는 애니메이터였고 정말 솜씨가 좋은 사람이라는 걸 알고 있었어요. 그래서 영어를 사용해 작품 활동을 한 19세기 이후 작가들을 선정해 피터가 그리게 되었어요."

벽화를 완성한 주인공은 안위크 출신의 화가이자 애니메이터인 피터 도드^{Peter Dodd}다. "우선 공간이 엄청 크고 작가들이 시간을 초월해 함께 어울리고 있다는 아이디어가 좋았어요." 한마디로 르네상스 화풍으로 그리려고 시도했다. 그래서 배경에는 황토 색조를 칠해서 준비했다. 피터는 원근법을 잘 살리기 위해 직접 높이를 재고, 여러 각도에서 작업했다. 생동감 있는 모습을 연출하기 위해서 서점 직원들에게 작가처럼 옷을 입고 포즈를 취하게 했다. 작가들의 모습은 실제 크기로 그려졌고, 이런 노력 끝에 실감나는 벽화가 완성될 수 있었다. 1999년 9월에 시작해 2년이 지난 2001년 10월에 완성이 되었다. 만약 시간을 거슬러, 벽화 속 작가를 직접 만날 수 있다고 가정한다면 어떨까? 메리는 자신이 사랑하는 작가 마크 트웨인^{Mark Twain, 1835-1910}을 저녁 식사에 초대하고 싶다고 밝혔고 스튜어트는 로버트 루이스 스티븐슨^{Robert Louis Stevenson, 1850-1894}을 초대하고 싶은 인물로 꼽은 반면, 피터는 어니스트 헤밍웨이^{Ernest Hemingway, 1899-1961}를 만나고 싶어 했다. 1920년대 파리 생활에 관련해 집필한 회고록인 〈파리는 날마다 축제^{A Moveable Feast}〉(1964)를 최근 재미있게 읽었기 때문이다. 피터는 〈에델과 어니스트〉(2018)에서 애니메이션 디렉터로 참여했고, 현재 1920년대 파리를 배경으로 한 애니메이션을 만들려고 준비 중이다.

교환의 현장, 바터 북스 성공의 비결

바터 북스는 서점 이름에서 알 수 있듯이 책을 교환(barter)하는 서점이다. 1년에 약 30만 명의 고객이 찾아온다. 그보다 놀라운 것은 약 40%의 고객이 외지인이라는 사실이다. 영국 전역에서 도서애호가들이 책과 함께 이곳에 모여든다는 사실만으로 감동적이다. 누구나 자신이 가진 책을 원하는 다른 책과 바꿔 갈 수 있다. 더 이상 보지 않는 집 한구석에 쌓여 있는 책들을 갖고 오는 손님이 많다. 손때가 묻은 중고 서적의 가격을 결정하는 과정도 흥미진진하다. 책값이 정해지는 데 걸리는 시간은 약 20분. 원하면 현금으로 받을 수 있지만, 손님들은 대부분 다른 책으로 교환해 간다. '교환'을 선택하면 현금의 두 배 금액을 인정받기 때문이다. 책이 바터 북스의 도장을 받는다는 건, 다시 여행할 준비가 됐다는 걸 의미한다. 많은 책들이 이전 주인과의 추억을 그대로 간직한 채 새로운 주인과 또 다른 인생을 살게 될 것이다.

책을 교환하는 과정은 단순 판매와 달리 의외의 것들을 배울 수 있어 서점 직원들에게 동기부여가 된다.
"책의 가치를 매기는 법이라든지 책을 정리하는 법이라든지, 직원들이 이런 부분을 매력적으로 느끼는 것 같아요"라고 메리는 귀띔한다.

매일매일 손님들이 갖고 오는 각양각색의 책이 쏟아진다. 책의 가격을 측정하는 것은 쉽지 않은 일이기 때문에 바터 북스에선 이 과정에 대한 직원 교육이 중요할 수밖에 없다.

바터 북스는 고가의 중고 서적들을 유리 진열장 안에 전시한다. 골동품처럼 귀하게 보호하지만 일반 책처럼 편하게 볼 수 있다. 이곳에 있는 레오나르도 다빈치 Leonardo da Vinci, 1452-1519의 책을 한번 살펴보자. 이 놀라운 책의 가격은 1만 3600파운드(약 2150만원)나 된다. 또 다른 책에 대해 "이건 1588년에 출판된 이탈리아 책입니다. 이렇게 비싼 이유는 다빈치 시대의 책이기 때문이에요. 삽화가 200개가 있는데 이건 많으면 많을수록 수집 가치가 높아집니다. 보시다시피 삽화가 아주 아름답죠. 다양한 발명품이나 기계에 관한 책인데 이건 우물물을 길을 때 쓰는 기술이에요. 표지가 예쁘게 되어 있죠. 500년이나 됐지만 정말 상태가 좋습니다"라며 20년 경력의 직원이 설명해준다. 이렇게 귀한 책은 별도의 공간에서 특별하게 관리해야 할 것 같지만, 제한 없이 누구나 볼 수 있다는 게 정말 매력적이다. 서점주 메리는 서점을 처음 열 때부터 비싼 책들을 누구나 볼 수 있게 노출해야 한다는 신념을 갖고 있었다. 그 책들을 보기 위해 허락받을 필요가 없다는 생각이었다. 여전히 초심을 잃지 않고 있다. 그것이 여느 서점과 다른 바터 북스의 가장 큰 차이점이다. 책을 통해 한 남자와 한 여자의 운명이 바뀌었다. 그리고 그들은 이제 책의 운명을 바꾸고 있다. 바터 북스 서점을 통해 이렇게 책은 불멸의 삶을 살고 있다.

"미국의 바터 하우스처럼 '바터 북스'라고 해야겠다고 결정했어요. 그 이름이 좋았고 그 아이디어가 좋았어요."
메리는 모든 책을 교환하는 시스템을 꿈꾸었고, 이곳에서 중고책에 가격을 매기는 작업은 일상이 되었다.

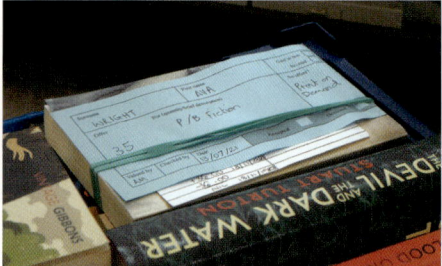

서점주 스튜어트의 위대한 발견

30년 동안 서점의 사소한 부분까지 직접 꼼꼼하게 챙겨온 서점주 스튜어트. 그의 인생에 있어 서점은 가장 큰 전환점이었다. 맨리 부부가 보유한 책은 유럽에서 손꼽히는 규모다. 고객들이 직접 갖고 오기도 하지만, 고서적은 대부분 박스째 경매로 들어온다. 그런데 가끔씩 보물을 발견하는 일도 일어난다. 스튜어트가 결코 잊지 못하는 20여 년 전의 일화가 있다. 그날도 낡은 책 상자를 경매로 받았지만, 기대와 달리 책의 상태가 좋지 않아 모두 버리게 된 스튜어트는 낙담했다. 그런데 이때 상자 바닥에서 반으로 접힌 포스터를 하나 발견했다.

붉은 포스터에는 이런 문구가 적혀 있었다. KEEP CALM AND CARRY ON(침착하게 계속 나아가자). "저는 곧바로 이거 되게 멋지다고 생각했죠. 메리에게 얘기했는데 그녀도 역시 멋지다고 했어요. 그래서 액자에 넣어 서점에 전시를 했죠. 나중에 알았는데 국립전쟁 박물관도 같은 포스터를 갖고 있었지만 이 포스터의 잠재력을 알지 못했답니다. 그들이 가진 포스터는 서랍 안에 있었지만 저희 것은 우연히 전 세계적으로 알려지게 됐어요."

이 포스터는 제2차 세계대전이 일어나기 전에 1939년에 영국 정부가 제작한 것이었다. 공습으로 인해 사기가 꺾일 국민들이 동요하지 않도록 선전용으로 만들었고 245만 부가 인쇄되었지만 결과적으로 전쟁 기간에 거의 배포하지 못했다.

서점에 있던 포스터는 2000년 미국의 한 저널리스트에 의해 세상에 다시 알려졌고, 덕분에 바터 북스는 광고 효과를 톡톡히 봤다. 한때 유행이 될 정도로 재미있는 패러디도 정말 많았다.

스튜어트는 어떤 문구가 제일 기억에 남을까? "너무 많아서 고르기가 어려운데. 그래도 골라야 한다면 독수리 수렵 클럽에서 만든 '침착하라 그리고 썩은 고기다(KEEP CALM AND CARRION)'입니다. 굉장히 똑똑하다고 생각했거든요. '침착하라 그리고 책을 읽어라(KEEP CALM AND READ A BOOK)'도 괜찮죠. 아마 수백 또는 수천 개의 변형된 문구가 있을 겁니다."

KEEP CALM AND CARRY ON

ABERFELDY WATERMILL
애버펠디 워터밀

+ Add Mill Street, Aberfeldy PH15 2BG **+ Business Hours** 10:00~17:30 (일) 11:00~17:30
+ Email info@aberfeldywatermill.com **+ Website** www.aberfeldywatermill.com

영국의 북쪽, 단정하고 강직한 기품을 간직한 땅으로 떠나보자. 전통의상 퀼트와 스카치 위스키로 유명한 스코틀랜드에는 대자연의 신비로움이 가득하다. 스코틀랜드의 중심부 하일랜드Highland에는 광활한 풍경과 어우러진 그림 같은 서점이 있다. 이곳은 2009년 영국 최고의 독립서점The Watermill UK Winner, Independent Bookshop of the Year으로 선정됐고 2016년 〈뉴요커〉에서 선정한 세계 75대 서점에 포함됐다. 2022년 〈내셔널 지오그래픽〉에서 영국 베스트 북숍 7 리스트에 뽑히기도 했다. 글래스고나 에든버러에서 멀지 않아서 많은 이들이 방문하는 곳이다. "애버펠디 워터밀에 오신 것을 환영합니다. 우리는 동화부터 정치학, 자연과 하이킹에 이르기까지 다양한 종류의 책을 판매하는데요. 서점 위층에는 미술관을 운영하고 있어요. 독특한 서점이기 때문에 멀리서도 사람들이 찾아옵니다. 미술관은 현대 미술부터 도자기까지 많은 작품들로 채워져 있고 16년 동안 다양한 전시회를 열었습니다." 워터밀의 매리언 머독Marion Murdoch 총지배인은 설명한다.

공동창업자인 제인과 케빈Jayne & Kevin Ramage은 휴가를 즐기러 왔다가 폐쇄된 귀리 제분소를 발견했다. 제분소는 1825년에 지어져 1970년대 후반까지 파트타임으로 운영되다가 결국 2000년에 문을 닫았다. 커다란 건물이었지만 빗물이 새어 들어오고 버려진 곡식 자루 사이로 쥐들이 허둥거리는 상황이었다. 2005년 개조해서 서점 겸 미술관이자 카페인 지금의 워터밀을 만들었다. 아늑한 분위기의 카페에서는 홈 베이크나 소소한 지역 농산물을 즐길 수 있다. 서점 안을 비롯한 건물 전체에는 옛날 제분소의 모습을 보존하기 위한 노력이 담겨 있다. 덕분에 방문하는 사람들은

2005년 개업을 한 애버펠디 워터밀은 원래는 폐기된 귀리 제분소였지만 현재는 하일랜드 퍼스셔에서 가장 큰 서점이 되었고 수제 차를 즐기는 사람들로 늘 북적인다.

건물 앞쪽에는 곡식을 찧는 제분장이 있고, 건물 뒤쪽에 물레방아가 있다.
지금은 서점을 운영 중인 건물 내부에는 제분소의 모습을 최대한 많이 보존하려고 노력한 흔적들이 남아 있다.

이곳이 제분소였다는 점을 실감할 수 있다. 제분소 구석구석에 책들이 자리를 차지하고 곡식 대신 숨 쉬고 있는 모양새다. "제분소를 개조할 때 그 특징을 보존하기 위해 많은 노력을 했는데요. 제분소의 흔적들이 이제는 책과 조화를 이루고 있습니다. 예를 들면 귀리를 가공할 때 사용됐던 버킷 엘리베이터가 그대로 있습니다. 외부에는 제분소에서 전기를 생산하기 위해 사용했던 물레방아도 그대로 볼 수 있습니다. 숫돌바퀴 등 최대한 많은 특징을 남겨놓으려 노력했고 그 덕분에 정말 독특한 분위기를 만들게 된 것 같습니다." 매리언 총지배인은 즐거운 워터밀 투어가 되길 바란다며 친절하게 맞이한다. 서점의 내부와 외부에 제분소의 장비나 도구들이 서점과 친밀하게 어우러져 옛 공간의 의미나 추억을 떠올리게 만든다.

서점 위의 미술관은 현대 미술 작품으로 가득 차 있는데, 스코틀랜드의 도자기부터 영국 전역에서 온 현대 미술품까지 다양한 전시를 하고 있다.

서점에서 만나는 뜻밖의 행운

필립 존스(Philip Jones)
<더 북셀러> 편집장

영국에서 개인 서점의 상황은 어떤가요?
전문적으로 책을 파는 곳은 대략 2000곳인데 이중 개인 운영이 약 800곳 정도입니다. 1990년대부터 개인 서점 수가 줄어들었습니다. 1500곳에서 거의 반으로 줄었죠. 책을 아주 많이 보유하고 있는 포일스, 워터스톤즈, 보더스 같은 대형 체인서점과 아마존의 가격인하 정책 때문에 크게 밀렸어요. 그런데 2016년부터 그 수가 조금씩 늘어나고 있어요! 지난 10여 년간 개인 서점들이 이러한 상황에서 어떻게 생존해야 할지를 알아가는 것 같습니다. 고객 응대, 가격 유지, 홍보, 작가 사인회, 지역사회 일원화 등을 통해 대형 체인 그리고 아마존을 헤쳐 나가기 시작한 거죠.

영국 서점은 어떤 특이한 점이 있나요?
서점에 관한 영국 문화는 좀 독특해요. 개인 서점 혹은 체인 서점이 가지고 있는 책의 종류가 서점마다 많이 다를 수가 있습니다. 이러한 점이 책을 자주 구매하는 분들에게 매력적인 요소입니다. 그들은 서점에서 새로운 것을 발견하고 싶어 하죠. 매번 존 그리샴이나 J.K. 롤링의 책만 보는 것보다 깜짝 놀라고 싶어 합니다. 작가나 출판사들과 얘기해보면 그들은 책을 서점을 통해서 판매하길 바라죠. 아마존 같은 큰 장애물이 있어도 서점을 통해 판매하고 싶어 합니다. 그들은 자신의 책이 서점의 책장에 있는 걸 보기를 원합니다. 이러한 점이 서점주들에게 용기를 주는 거죠.

아마존의 시대에 개인 서점들은 어떻게 생존할 수 있을까요?
고객과 서점주와의 관계가 정말 중요합니다. 차이점을 만들어야 하거든요. 저희 지역에 있던 서점이 코로나19 이후 다시 오픈할 때 바로 방문을 했었는데 모든 책을 한눈에 볼 수 있었습니다. 대략 한 번에 200권의 책이 눈에 들어왔어요. 그 서점을 나올 때 전 처음 들어본 저자와 출판사의 책을 들고 나왔죠. 그때 종교적인 경험을 한 것 같네요. 갑자기 많은 책과 서로 얘기하는 것만 같았습니다.
서점주와 책의 어떤 점이 흥미로웠는지 대화도 나누는데 이건 신문이나 온라인에서 읽을 수 있는 글과는 완전히 다릅니다. 영국에서는 이럴 때 '세렌디피티(뜻밖의 기쁨)'라는 단어를 사용해요. 서점을 방문해 뜻밖의 것을 알게 됩니다. 전 서점주들이 고객을 위해 만들어낸 통제된 창의력을 좋아해요. 존재하는지도 몰랐던 책을 찾고 들어보지 못한 작가의 작품을 찾는 것은 서점이 아니면 절대 할 수 없는 경험입니다. 여기에 개인 서점의 생존에 대한 답이 있습니다.

위그타운 자생을 위한
북 타운 프로젝트

스코틀랜드 위그타운은 예전에 이 지역에서 가장 번성했던 마을이다. 그러다가 경제가 붕괴되면서 여기 있던 치즈 제조소와 증류소 등이 모두 문을 닫게 되었고 한순간에 가난한 마을로 전락했다. 하지만 1998년 스코틀랜드 국립 북 타운(Scotland's National Book Town) 선정으로 다시 마을이 동력을 되찾았다. 북 타운 프로젝트는 1990년대 초, 경제 위기를 겪은 스코틀랜드 주정부가 지방 경제를 살리기 위해 시작한 것이다. 책을 사랑하는 위그타운의 젊은이들이 힘을 모아 프로젝트에 도전했다. 이곳에서 빼놓을 수 없는 행사는 위그타운 북 페스티벌(www.wigtownbookfestival.com)이다. 1999년부터 매년 가을 10일 동안 북 페스티벌을 열고 있다. 25회를 맞이하는 올해는 9월 22일부터 10월 1일까지 진행되었다. 문학뿐만 아니라 음악, 영화, 연극, 음식, 비주얼 아트를 위해 수십만 명의 관광객이 찾아온다. 이런 노력과 변화 덕분에 도시로 떠났던 마을 사람들이 돌아오고 도시가 다시 활기를 얻었다. 매년 거의 200개 프로그램이 준비되고, 스코틀랜드 남서부의 작은 마을이 3만 명의 관광객을 맞이할 채비를 갖춘다. 이 행사는 지역 경제에 약 420만 파운드(약 66억원)를 기여하고 있다.

WIGTOWN

THE OPEN BOOK

THE BOOKSHOP

WELL-READ BOOKS

BYRE BOOKS

THE OPEN BOOK   더 오픈 북

+ **Add** 2 High St, Wigtown, Newton Stewart
+ **Website** wigtownbookfestival.com/our-projects/the-open-book

더 오픈 북의 서점주가 된 헨리는 자신이 집필한 책을 히든카드로 가져왔다. "이 책은 어떻게 동물과 어울려 살아가야 하는지에 대한 제 생각입니다."

서점은 때론 도시의 운명을 바꿀 수 있다. 스코틀랜드 위그타운Wigtown이 그런 곳이다. 위그타운은 인구 1000여 명의 작은 도시이자 1998년 스코틀랜드 국립 북 타운 프로젝트에 선정된 문화 중심지다. 이 작은 마을엔 1년 내내 전 세계 사람들의 발길이 끊이지 않는다. 더 북숍, 웰레드 북스, 바이어 북스, 더 올드 뱅크 북숍 등 하나같이 개성 넘치는 서점들이 자리한 덕분이다.

그중 먼저 소개할 곳은 더 오픈 북The Open Book이다. 남녀노소 누구나 주인이 될 수 있는 열린 서점이다. 백색 건물의 서점 간판에는 '2주마다 새로운 서점주(A New Bookseller every fortnight)'라는 멋진 문구가 보인다. 더 오픈 북은 서점 운영과 마을 관광을 겸하는 에어비앤비Airbnb 상품이다. 이미 올해 예약이 꽉 차 있을 정도로 인기가 좋다. 더 오픈 북이 처음 문을 연 것은 2015년, 이듬해부터는 여행 상품으로 공개됐다. 에어비앤비를 도입한 건 사실 수익 창출이 목적은 아니었다. 진정한 가치는 서점 운영 경험을 홍보하고 도시에 머물게 하는 데 있다. 사람들이 위그타운에 와서 머물면서 이곳과 사랑에 빠져 언젠가 다시 돌아오고 싶게 만드는 것이 목적이다. 예상외로 반응이 뜨거워서 첫 2년은 예약이 빨리 마감되는 성공을 거두었다. 사람들이 매달 다음 달을 위한 예약이 언제 열리나 조마조마하면서 기다리는 일이 늘어났다. 전 세계에서 서점주가 되고자 하는 열정을 품은 이들이 작은 도시에 모여들었다.

과연 어떤 사람들이 이곳을 찾을까? 〈백 투 더 북스〉가 방문했을 때 더 오픈 북 서점의 새로운 주인이 된 인물은 헨리 맨스Henry Mance였다. 편하게 휴식을 취하며 글도 쓰고 책을 읽기를 원했던 헨리는 런던을 벗어나 위그타운을 찾아왔다. 그와 함께 서점을 경험했다. "저는 〈파이낸셜 타임스Financial Times〉 피처 섹션의 수석 기자입니다. 더 오픈 북은 제게 새로운 경험입니다. 늘 서점을 운영해보고 싶었는데, 한번 시도해보려고요. 모든 사람이 꿈꾸는 직업이고 제가 이 일을 즐길 수 있을 것 같아요." 취재와 기사 쓰는 건 자신 있는 베테랑이지만 장사는 처음이라 긴장을 한 모습의 헨리. 하지만 그를 위한 친절한 안내서가 기다리고 있다. 숙소에는 지난 손님들의 방명록이 있다. 2016년부터 기록된 오리지널 자료를 전부 살펴볼 수 있다는 건 큰 도움이 된다. 그렇다면 새 서점주가 된 헨리의 판매 전략은 무엇일까? "제가 읽었던 책들을 중심으로 알릴 계획이고요. 그리고 제가 비장의 무기를 가지고 왔습니다. 바로 제가 쓴 책이에요. 이 책에 대해 잘 이야기할 수 있을 것 같아요. 아마 만나는 사람들에게 '이게 접니다' 하고 이렇게 보여줄 수 있을 것 같아요. 잘되길 바랍니다."

오픈 첫날, 이제 진열에서 책 가격까지 모두 헨리가 정해야 한다. 서점의 창가 진열은 언제든지 변경해도 된다. 원한다면 매장 내 무엇이든 다시 정리해도 되지만, 많은 책을 정리하는 일은 섣불리 도전할 일은 아니다. 영리한 그는 서점의 문을 열어놓고 사람들이 들어올 수 있게 했다. 판매 장부에는 이름, 날짜를 쓰고, 책 이름, 장르, 가격을 쓰면 끝나는 정도다. 초짜 서점주도 능히 할 수 있을 정도로 간단하다. 그는 자신의 책 〈동물을 사랑하는 법 How to Love Animals〉(2021)을 '내가 이 책을 썼다'는 메모와 함께 탁자 위에 진열해놓았다. "사가면 기분이 어떨까보다는 아무도 안 사면 어쩌지 하는 느낌이네요. 왠지 슬플 것 같아요. 문제는 제 책이 새 책이라는 거예요. 보통 20파운드에 팔리는 책이거든요. 같이 있는 책은 9파운드네요. 그러면 제 책이 아주 비싼 건 아니네요. 그러면 할인해준다 치고 10~12파운드 정도에 팔아야 할 것 같아요. 거기에 저자 사인도 해주고 책에 대한 얘기도 해주고요. 아무도 안 살 것 같아도 노력해보고 싶어요. 적어도 제게 동기부여가 되잖아요."

'서점 열었어요(We are Open!)'라고 쓴 더 오픈 북의 보드가 손님들을 불러모으는 것을 볼 수 있다. "안녕하세요, 방금 서점 주인이 됐습니다. 3일 동안 제가 주인입니다. 많은 중고 서적이 있고, 제가 쓴 이 책을 포함해서 몇 권의 새 책도 있습니다. 여러분이 여기 오셔서 둘러보시고 저렴한 책도 찾으시길 바랍니다. 많은 분들이

"새로운 책을 찾아 진열하면 전체 공간이 좀 더 새로운 느낌이 들 것 같습니다." 아침 일찍 서점 문을 연 헨리가 진열을 바꾸고 있다.

"휴가 기간에 서점 주인이 된다는 것은 휴식 같은 일이죠"라며 서점 예찬을 늘어놓던 헨리는 자신의 서점 운영에 대해 다시 복기한다.

오시길 바랍니다. 제발, 많이 와주세요! 10권에서 15권 정도 팔면 정말 행복하겠네요"라고 인사하는 헨리의 첫 번째 손님이자 이웃이 된 것은 제시카 폭스Jessica Fox다. 사실 그녀는 더 오픈 북의 창립 멤버로 헨리를 반갑게 맞이한다. 제시카는 미국 나사 직원이었지만 책을 너무나 사랑한 나머지 스코틀랜드까지 와서 기꺼이 위그타운의 주민이 되었다. 헨리는 대선배의 방문에 환한 미소로 답한다. 이곳에선 책을 사랑하면 누구나 친구가 될 수 있다. "제 생각에 헨리가 훌륭하게 하고 있는 것 같아요. 게다가 환상적인 책도 가져왔잖아요. 의심의 여지 없이 서점의 책과 그의 책 모두 잘 팔릴 것 같고요. 고객들을 맡겨도 안심이에요"라며 제시카는 그를 응원한다.

서점을 운영하는 3일 동안, 헨리가 테이블 위에 놓았던 몇몇 책이 팔렸다. 그 책들이 팔려서 행복감을 맛본 그는 "책이 팔리지 않는다고 해도 이렇게 테이블에 책을 놓을 때 느낌이 좋은 것 같다"며 책의 진열을 바꾸었던 작업이나 책을 판매했던 순간을 복기한다. 3일간의 서점주 경험을 마친 그는 이에 대한 기사를 쓸 예정이다. 짧은 경험이지만 이를 통해 책에 대한 생각이 바뀌었다고 고백했다. "그 책이 가치 없어 보여도 한 문단이나 한 페이지가 저나 다른 사람들에게 뭔가 의미를 줄 수 있다는 것을 깨닫게 되었습니다. 저는 책에 좀 더 애정을 가지게 된 것 같습니다. 그래서 그것을 표현하고 싶습니다. 이런 서점이 만일 사라져버린다면 우리는 아마 많이 그리워할 겁니다. 제 이야기는 서점을 기념하는 내용입니다. 여기 있는 책에 지불하는 돈은 아주 적지만 그게 당신의 삶에 아주 큰 의미가 될 수 있을 것 같습니다."

THE BOOKSHOP   더 북숍

+ **Add** 17 North Main St, Wigtown, Newton Stewart   + **Business Hours** 9:00~17:00 (일요일 휴무)
+ **Email** mail@the-bookshop.com   + **Website** www.the-bookshop.com

위그타운의 모든 것을 자세히 알고 싶다면, 꼭 만나야 할 사람이 있다. 아니, 위그타운에 가면 어디선가 만날 수밖에 없는 인물이다. 더 북숍The Bookshop 서점주인 숀 비텔Shaun Bythell이 그 주인공이다. "제 친구들이 저를 위그타운의 비공식 시장이라고 합니다. 전 그렇게 불리는 것이 편하지는 않지만요." 북 타운 설립의 일등 공신이라는 숀은 50년이 넘은 서점을 지키고 있는 터줏대감이다. 미로 같은 내부, 그의 서점은 마치 알라딘의 동굴 같다. 파티션을 세워 작은 방들을 만들고 각 방마다 책을 가득 채웠다. 스코틀랜드에서 가장 큰 중고 서점으로 1마일 이상의 갖가지 선반에 약 10만 권의 책을 보관하고 있다. 알라딘이 동굴에서 보물을 찾듯이, 손님들은 이곳에서 자신만의 책을 찾는 즐거움을 느낄 수 있다.

 손은 꽤 알려진 베스트셀러 작가로, 벌써 서점에 관한 책을 네 권이나 냈다. 2019년 〈선데이 타임스〉가 베스트 오디오북으로 선정한 〈서점 주인의 일기The Diary of a Bookseller〉, 〈서점 주인의 고백Confessions of a Bookseller〉 등이 있다(〈백 투 더 북스〉와의 만남 이후, 작년 12월 또 하나의 서점 일기 〈Remainders of the day: A Bookshop Diary〉를 출간했다). 2018년 〈뉴욕 타임스〉에서 "여태껏 읽어본 책 중 분노로 가득 차 있지만 가장 즐거운 서점 회고록"이라는 찬사를 받았다. 자신의 중고 서점에서 만난 사람들에 대한 통찰력과 위트가 돋보이는 책이다. 서점을 찾은 고객에게도 인기가 높은 책이다. 고객의 어리석은 요구나 서점에서 일했던 직원에 대한 이야기들이 담겨 있다. 더불어 그의 책은 외지인들이 위그타운에 대해 상세히 이해할 수 있는 일종의 가이드 역할을 했다. 그 덕에 이곳에 오면 어떤 것을 기대할 수 있는지도 알게 되었다.

"무엇보다 아름다운 건물 자체가 매력입니다. 고객들은 이곳을 알라딘의 동굴이라고 말하죠. 첫 방에서 끝났다고 생각하지만, 문을 열면 다른 방이 나오고 또 새로운 방이 나타나는 식으로 방마다 보물이 가득하죠." 서점주 숀은 더 북숍의 매력에 대해 열변을 토한다.

그는 조용한 곳을 지키고 있는 서점주다운 통찰을 꺼내놓는다. "묻지 않아도 스스로 자신이 뭘 하는지 알려주는 사람은 대부분 지루한 사람일 가능성이 높아요. 조용한 사람들이 가장 흥미 있는 일을 하고 있을 거예요." 서점을 흘깃 둘러보면 자신만의 철학을 지닌 괴짜라는 것을 알 수 있다. 천장 위에 바이올린을 연주하는 해골, 동물 박제, 각종 소품 그리고 놀라운 것을 발견할 수 있다. 2014년에 손이 총으로 쏴서 박살 낸 아마존 킨들을 상패처럼 자랑스럽게 붙여놨다. 언뜻 컨템포러리 아티스트의 예술작품처럼 보이기도 한다. "제가 아마존에 대항해 싸우고 있다는 상징적인 의미입니다. 킨들을 제가 쏴버려서 다 부서졌죠. 사냥꾼들이 호랑이 같은 짐승을 사냥해서 박제해 걸어놓듯이 이건 싸움에 이긴 트로피와 같은 거예요." 손은 하루가 끝나면 잊지 않고 오늘을 꼼꼼히 기록한다. 그의 손을 거쳐 책마을 위그타운의 살아 숨 쉬는 역사가 새겨진다. "제 서점에 사람들이 왔을 때 최고의 경험을 하고 가길 바랍니다. 그리고 저는 이 서점을 딸에게 물려주고 싶어요. 제 딸이 위그타운과 많은 사람들이 살아가는 데 무엇이 중요한지 이해하기를 바랍니다." 베스트셀러 작가 손과 위그타운의 일상, 서점이 만들어낸 기적 중 하나일 것이다.

"누군가의 책이었던 것이 더 흥미로워요. 중고책은 사회적이고 역사적인 가치를 지닌다고 생각합니다." 손의 중고책 사랑은 유별나다.

위그타운에는
북숍 밴드가 살고 있다

위그타운에는 숀 말고 자타가 공인하는 유명 인사가 또 있는데, 벤 플리즈(Ben Please)와 베스 포터(Beth Porter) 부부다. 포크, 팝, 얼터너티브 음악을 하는 그들은 영국에서 꽤 유명한 듀오다. 특이한 건 이들의 노래가 책을 소재로 한다는 점이다. 셰익스피어부터 〈황금나침반〉 시리즈의 필립 풀먼(Philip Pullman)에 이르기까지 수백 명의 작가로부터 영향을 받았다. 그리하여 이름이 더 북숍 밴드(The Bookshop Band)다. 그들은 2010년부터 다양한 앨범을 제작해왔다. 13개 앨범이 책 전집 형태로 발매가 되었다. 곡의 영감을 책에서 얻었다고 얘기한다. "우리가 서점에서 노래할 땐 언제나 책에 대해 이야기하고 직접 보여주면서 어떤 책에 대한 것인지 청중들이 알 수 있게 합니다. 그래서 콘서트가 끝나고 나면 청중들이 책을 사거나 주문할 수 있었죠. 이렇게 하면 확실히 불씨를 지피는 것 같긴 해요"라며 베스는 의견을 피력한다.

그녀를 만났을 때 작곡 중인 곡은 2016년 맨부커상(Man Booker Prize) 인터내셔널 부문을 수상한 한강 작가의 소설 〈채식주의자(The Vegetarian)〉에 관한 것이었다. "가족들에게조차 그녀 자신을 표현하면 안 되는 상황이 계속되었고, 욕구는 커져갔죠. 결국은 극단으로 가서 고기를 먹지 않고 식물처럼 되어가는 모습이 떠올라요"라며 베스는 책의 내용을 벤과 공유한다. 얼마 후 괴짜 서점주 숀의 집 뒷마당에서는 조촐한 마을 파티가 열렸는데, 잠시 더 오픈 북의 주인이 된 헨리를 위한 환영식이었다. 여기에 맞춰 더 북숍 밴드는 신곡 발표를 했다. "우리가 새로운 곡을 만들고 있었어요. 한강 작가가 쓴 〈채식주의자〉라는 책에서 영감을 받았습니다." 노래 제목은 '당신이 꿈꿀 때(When You Dream)'이다. 노래가 우쿨렐레 연주에 맞춰 울려 퍼진다. "날개가 묶인 채 터벅터벅 돌아가는 그대는 산비탈에 서 있네. 잠시 머물다가 다시 내려가네. 싸우기도 하고 씻어내기도 했지. 없어질 때까지 쓸고 또 쓸어도 절대 없어지지 않네." 잔잔한 멜로디, 주인공의 슬픔을 실은 가사는 소설만큼이나 묵직한 울림을 준다.

THE BOOKSHOP BAND

WELL-READ BOOKS 웰레드 북스

+ **Add** 1-3 Agnew Cres, Wigtown, Newton Stewart
+ **Website** wellreadbooks.co.uk

'웰레드'라는 서점 이름에 대해, 서점주 루스는 "대부분의 책이 중고책이라서 책장에 있는 책들이 잘 읽은 것들이라는 느낌을 주길 원했다"고 밝힌다.

위그타운에서는 개성 만점의 다양한 서점을 만날 수 있다. 전직 판사가 운영하는 웰레드 북스다. 서점주 루스 앤더슨Ruth Anderson에 따르면 '웰레드'라는 이름은 책을 잘 읽는 사람들에게 호감을 사기 위한 것이다. 원래 이곳은 텅 빈 선술집이었지만 2018년 가을에 서점으로 바뀌었다. 바 공간에는 서점 카운터가 생겼다. 서점 바닥의 일부는 나무로 되어 있는데 라이브 음악이 흐를 때 이곳이 춤추는 무대였다. 재미나게도 춤추는 여성들의 힐 때문에 바닥 나무가 구멍이 난 것을 확인할 수 있다. 남자 화장실이었던 공간에 판타지물과 공포물이 배치되었다. 이 건물을 구매할 당시, 남자 화장실은 말도 못하게 더러웠다. 루스는 말도 못하게 끔찍한 범죄와 더러운 남자 화장실이 어딘가 잘 어울린다고 생각했다.

이 서점은 주로 범죄소설을 취급한다. 40년을 법조계에서 일한 전직 판사가 범죄소설을 판다는 사실도 술집의 깜짝 변신만큼이나 흥미롭다. 2017년 은퇴한 그녀는 위그타운 북 페스티벌에서 자원봉사를 하게 된 것을 계기로 이곳 주민들의 권유를 받아 다음 해 서점을 열었다. 훌륭한 선반과 책장을 지닌 서점은 20회 위그타운 북 페스티벌 기간에 대중에게 선을 보였다. 그렇다면 판사 경험이 서점 운영에 도움이 될 수 있을까. 서점주 루스는 아니라고 손사래를 친다. "판사 경력은 전혀 도움이 안 되었습니다. 굳이 하나 있다면, 제가 사람을 잘 다룬다는 점이겠네요. 제 경력으로 아주 다양한 사람들을 만나봤거든요. 때로는 서점에 온 손님이 아주 무례할 때가 있어요. 제가 평생 많은 범죄자를 만났지만 그런 사람들은 만난 적이 없었습니다."

서점에는 특별히 범죄와 관련된 책만 모아놓은 코너를 볼 수 있다. 그녀의 직업을 대변하듯 판사와 관련된 물건과 함께 범죄소설, 실제 범죄 관련 서적들이 있다. 범죄소설 시장이 영국에서는 아주 크다는 점도 한몫했다. "팔린 책을 권수로 따지면 범죄소설이 제일 많이 팔렸을 겁니다"라고 범죄소설을 취급하게 된 계기를 설명한다. 범죄소설 마니아라면 이곳에서 책을 찾는 것도 즐거운 경험이 될 것이다. 웰레드 북스는 비행 북클럽Dark Deeds Book Club이라는 구독제 북클럽을 운영 중이다. 구독하면 매월 루스가 직접 고른 중고 범죄서적을 구독자 주소로 받게 된다. 현재 60명 정도의 회원이 있다. 루스는 "서점의 재고가 많이 늘어가고, 사람들에게 책을 파는 것이 아주 즐겁다"면서 생애 두 번째 직업을 마음껏 즐기고 있다.

BYRE BOOKS 바이어 북스

+ **Add** 24 S Main St, Wigtown, Newton Stewart
+ **Website** www.byrebooks.co.uk

"바이어 북스 서점은 이 작은 공간이 전부입니다.
하지만 저뿐만 아니라 다른 이들에게도 흥미로운 책들로 가득 차 있어요"
라고 서점주는 설명한다.

"이곳이 조용하고 안전하게 올 수 있는 곳이길 바랍니다."
중심가에서 좀 떨어진 곳에 위치한 서점은 서점주의 소박한 마음을 간직하고 있다.

위그타운에서 가장 환상적인 서점을 고르라고 한다면 절대 빠질 수 없다. 중심가에서 약간 떨어진 곳에 담쟁이덩굴을 가득 품은 서점. 싱그러운 초록빛 터널 안에 서점이 있다. 이 서점에 들어오려면 숲과 같은 곳을 지나와야 한다. 서점주는 그냥 내버려두었을 뿐, 이 아름다운 공간은 자연이 스스로 창조해낸 것이라고 한다. 이곳은 말들이 머물던 마구간으로 마차를 위한 여관의 일부였다. 최적의 공간은 아니었지만 이곳에서 서점을 꿈꾸었다. "지금은 책으로 가득 차 있죠. 고고학, 민속학, 민간 전승에 관한 책들, 스코틀랜드에 관한 책들, 수많은 시집들, 영화와 연극에 대한 책들이 있고 그 외에도 많은 책이 있습니다. 맘껏 보세요!"라며 인사하는 사람은 바이어 북스의 서점주 로라 머스티안 Laura Mustian이다.

로라의 전공은 인류학이다. 우화, 동화, 전설 등 전 세계의 스토리텔링에 초점을 맞추고 있다. 전공을 살려 민속학, 인류학, 고고학 책을 주로 취급한다. 로라와 그의 가족은 1998년 이곳에 여행을 왔다가 3년 뒤에 완전히 정착했다. 위그타운이 북 타운으로 선정된 직후 2001년 5월에 이 서점을 열어 22년째 자리를 지키고 있다. 바이어 북스는 가족이 함께 일군 삶의 터전이다. "예전에는 완전히 폐허였어요. 지붕은 3분의 2만 있고 벽도 제대로 서지 못하고요. 쓰레기, 깨진 유리, 금속 덩어리, 석면 등을 치우며 여러 해에 걸쳐 이 서점을 완성했습니다. 콘크리트를 섞으면서 아주 열심히 일했죠. 더 이상 그 일을 하지 않아도 돼 너무 좋습니다." 다른 서점과 비교하면 책이 많은 곳은 아니지만, 동화처럼 아름다운 곳에서 서점주의 개인적인 취향과 부합하는 소중한 책들을 만날 수 있다.

Austria

오스트리아

오래된
책의 정원을 거닐다

알프스 산맥이 국토의 절반 이상을 차지해 '알프스의 나라'로 불리는 오스트리아는 동서로 길게 뻗어 있다. 오스트리아 하면 640년이 넘게 유럽을 호령한 합스부르크 왕가의 빛나는 전성기를 떠올릴 수밖에 없다. 1273년 루돌프 백작이 독일의 왕(루돌프 1세)으로 등극하면서 합스부르크 가문이 성장했고 16세기 카를 5세에 이르러 유럽의 패자로 우뚝 섰다. 제1차 세계대전의 패배로 제국은 몰락했지만 합스부르크 왕가의 유산을 도시 곳곳에서 확인할 수 있으며 여전히 대중문화 속에 살아 있다. 1955년 영세중립국을 선택한 나라가 언제나 낭만적으로 느껴지는 것은 이곳에서 탄생한 음악과 예술의 위대함 때문이다. 도시의 황금기를 증명해주는 책과 악보들뿐만 아니라 책 속에서 끊임없이 이야기를 찾아내는 사람들이 있다. 빈, 잘츠부르크, 인스브루크에서 오스트리아의 찬란한 문화를 고스란히 간직한 꿈의 서점을 거닐어 본다.

HARTLIEBS BÜCHER
하르틀리프의 책

HARTLIEBS BÜCHER

+ Add Wahringer road 122, 1180 Wien   **+ Business Hours** (월~금) 9:30~18:30 (토) 9:00~13:00
+ Email 1180@hartliebs.at   **+ Website** hartliebs.at

빈의 중심부를 상징하는 링 로드Vienna Ring Road(ringstraße)에서 벗어난 한적한 곳, 베링거 스트라세Währinger Strasse 역 부근에는 유럽의 어느 동네에서나 흔히 볼 수 있는 작은 책방이지만 아주 소문난 명소가 있다. 아침 아홉 시가 되면 어김없이 중년의 서점주가 책수레를 밀고 나오면서 하루를 시작한다. "책이 너무 많기 때문에 낡은 선반이 이렇게 많이 필요해요. 이 서점에 지난 18년간의 제 삶이 모두 스며들어 있죠"라고 말하며 페트라 하르틀리프Petra Hartlieb는 미소 짓는다. 스물네 평 정도의 책방에는 공간이 좁다 보니 사다리 끝까지 책이 가득 차 있다. 사방 모든 벽에 책꽂이가 서 있고, 통로마다 간이 책장이 빼곡하다. 오스트리아의 거의 모든 언론이 '하르틀리프의 책'의 재미있는 스토리를 소개해왔다. 정부에서 수여하는 2017년 오스트리아 서점대상의 첫 회 수상자이기도 하다.

누구나 환대하는 동네 사랑방

이 서점에서는 직원과 손님들의 대화가 끊임없이 오간다. "이 책도 아주 재미있어요. 이탈리아에서 벌어지는 사랑이야기예요. 우체부가 남의 편지를 새로 쓰는 겁니다. 이 책도 저희가 즐겨 추천하고 있어요. 조금 슬프긴 하지만 아주 아름다운 이야기예요"라며 자신만의 방식으로 책을 추천하거나 "우리 언제 커피 같이 마시죠?"라는 식으로 신변잡기적인 수다가 끊이지 않는다. 특히 페트라의 밝고 호탕한 웃음소리가 하루 종일 울려 퍼진다. 늘 북적이고 시끌시끌하지만, 이런 분위기에 대해 아무도 불평하지 않는다. 그녀가 손님들과 대화를 나누는 동안, 남편 올리버 하르틀리프Oliver Hartlieb가 길 건너편에 있는 물류창고를 오가는 모습을 볼 수 있다. 이 서점에서 하루에 판매되는 책이 평균 삼사백 권, 보통의 중형 서점을 웃돈다. 개인 소유의 서점으로선 보기 드문 성공이라 할 수 있다.

작은 서점들은 보통 테마를 정해 소량의 책만을 보유하는 전략을 선택한다. 하지만 하르틀리프의 책은 그렇지 않다. 모든 책을 다 취급하고 모든 책을 다 팔고 싶어 할 정도로 의욕이 넘친다. "우리는 이렇게 책을 천장까지 쌓아두는 구식 서점이에요. 온갖 종류의 책을 다 소장하고 싶어 하죠"라며 올리버가 서점을 소개한다.

하르틀리프의 책은 동네 사랑방 같은 역할로 유명하다. 이곳을 방문하는 단골손님은 자신의 기호에 맞는 책을 추천해주기를 원한다. 이런 고객 맞춤형 추천이야말로 하르틀리프의 책이 자신 있게 제공하는 서비스 중 하나다.

AUSTRIA — WIEN — HARTLIEBS BÜCHER

이 서점의 아름다운 일상은, 작은 공간에서 책을 찾기 위해 분주하게 사다리를 이용하는 점원들의 웃음에서 찾을 수 있다.
서점주 페트라와 함께 오랫동안 이 서점을 지켜온 직원들은 각자의 개성은 다르지만 책에 관해선 한마음 한뜻이다.

이 서점이 주목받는 이유가 여기에 있다. 모든 책을 다 다루고 어떤 고객이든 다 상대하던 옛날 동네 책방. 이 서점은 그 방식을 고수한다. 그럼에도 성공할 수 있었다. 그 비결이 뭘까? 일단 이 서점에서 거래되는 건 책만이 아니다. 서점에 잠시만 머물러도 알 수 있다. 마당발 서점주의 입심에서 묘한 중독성이 느껴진다. 고객과 허물없이 대화를 나누는, 분주한 서점주의 모습에서 그 이유를 엿볼 수 있다. 손님의 딸에 대한 이야기, 주변의 아파트 시세 등 하루 종일 이런 시시콜콜한 정보들이 오간다. 말 그대로 동네 사랑방이다. 심지어 한 고객이 서점주를 데리고 어딘가로 가는 모습까지 볼 수 있다. 바로 옆 가게에 새로 입주할 이웃인데 그녀의 의견을 듣고자 청한 것이다. 유기농차를 파는 카페가 들어올 공간에 간 페트라는 여기저기 둘러보며 꼼꼼하게 살피고 조언을 해준다. 그녀는 마치 자신의 일처럼 이런 일에 시간을 뺏기는 걸 전혀 아까워하지 않는다. 그날 오후, 아이스크림을 선물로 받는 모습도 볼 수 있다. 아침에 책을 소개받았던 고객인데 비건 아이스크림을 슬쩍 주고 간다. 고객이 종종 과자나 케이크, 직접 끓인 수프도 가져온다고 한다. 많은 이들이 동시에 오가면서도 삶의 향기가 나는 공간을 함께 공유하고 있다.

아이와 청소년뿐만 아니라 누구나 거리낌 없이 들어오는 곳. 페트라와 올리버 부부는 이런 서점을 오랫동안 꿈꿔왔다. 그러던 중 2004년, 100년이 넘은 서점 하나가 경매에 나왔다. "우리가 입찰 한번 해볼까?" 장난처럼 해본 시도였지만 그만 덜컥 낙찰되었고 그게 시작이었다. 당시 그녀는 문학평론가로 활동 중이었고, 남편은 독일 대형 출판사의 직원이었다. 운 좋게 낙찰을 받았지만 수중에 그만한 금액은 없었다. 그런데 한순간에 동네 책방 주인이 되었다. "별로 좋은 생각이 아니라고 여겼습니다. 올리버와 저는 우리만의 서점을 갖는 게 꿈이었는데 함부르크에서 빈으로 여행 와서 폐점된 서점을 보게 되었죠. 처음엔 그저 재미로 소유자가 누군지, 누구에게 팔았는지 알아보았습니다. 계속 일이 진행되었고 계약이 성사되었습니다. 그때는 정말 어리석은 결정을 했고 우리가 조금 순진했었죠. 하지만 어떻게든 잘 진행되었고 결국 우리의 삶을 완전히 바꿔놓았습니다." 원래 서점은 1880년경에 설립되어 제2차 세계대전 후 1950년대까지 한 가족이 운영했다. 서점주는 세상을 떠나고 자식이 물려받지 않아 방치된 곳을 하르틀리프 부부가 다시 부활시켰다.

오스트리아 언론에서는 페트라를 전 세계 서점을 위협하는 공룡, 아마존에 맞서는 여인으로 주목한 바 있다. 하르틀리프의 책을 지지하는 이들이 하나둘씩 늘어갔다. "아마존은 대부분 국가에서 세금도 내지 않고 있고 일자리를 창출하지도 않으며, 낮은 임금에 근무 환경도 열악해서 노동자들은 아마존 창고에서 노예처럼 일하고 있어요. 착취의 현대적인 형태이며, 대규모 자본주의이므로 저는 이를 옹호할 수 없습니다. 저는 이 사업을 통해 일자리를 만들고, 직원들과 그의 가족들을 먹여 살리고 있습니다. 인프라 구조도 만들고 있어요. 극히 일부만이 부를 축적하고 나머지는 희생하는 모델이 아니죠." 일하는 사람 모두가 함께 공생하는 구조. 페트라가 지향하는 모델이다. 이 작은 서점의 직원이 무려 아홉 명이다.

서점의 모든 직원이 일대일로 고객을 응대한다. 하루에도 수십 번 사다리를 오르내리며 원하는 책을 찾아낸다. 이들은 작가 및 책 소개와 추천은 물론이고 희귀한 서적의 예약까지 고객이 원하는 모든 것을 도와준다. 직원들에겐 각자의 전문 분야가 있다. 자신이 담당하는 분야에선 어떤 책을 물어도 기다렸다는 듯이 바로 대답이 나온다. 모두 15년 이상 근무한 베테랑이다. 따라서 서점에 대한 애정도 클 수밖에 없다. "우리 서점은 단순히 일을 하는 곳만은 아닙니다. 동료들과 삶의 많은 부분을 서로 공유하고 있어요."(에바마리아 니겔), "이곳에 오는 게 좋아요. 서점에 출근하면 항상 새로운 영감을 받습니다. 왜냐하면 저는 독서를 매우 즐기기 때문입니다."(페테 하이게르모저) 이렇게 서점에 헌신하는 직원들의 출신은 다양하다. 폴란드에서 온 베르나데타 조로코는 록밴드의 기타리스트이지만 인생의 절반가량을 이곳에서 일했고, 안나 호락은 13년 동안 일하며 일러스트 작가가 됐다. 이들은 서점이 자기계발의 기회를 준다고 한목소리로 말한다. 직원들의 공통점은 단 하나, 모두가 책을 좋아한다는 점이다. 책이 좋은 사람들이 책을 통해 자기 계발을 한다. 이야말로 하르틀리프의 책이 꿈꾸는 세상이다.

<u>하르틀리프의 서재를 엿보다</u>

하르틀리프 부부는 서점에서 가까운 곳에 크고 멋진 개인 서재를 가지고 있다. 또

서점주 페트라는 서점만큼 멋진 서재를 가지고 있다.
동네 일에 늘 앞장서는 수다쟁이 서점주가
잠시 휴식을 취하는 자신만의 공간으로,
이곳에서 빈을 무대로 한 소설을 잉태하고 있다.

페트라와 올리버(사진 속 인물) 부부는 서점 운영 외에도 여러 일을 하는데, 정기적으로 고객을 위한 도서정보잡지 〈하르틀리프 매거진〉도 발간하고 있다.

다른 책의 공간이 존재한다. 알고 보면 페트라는 수다쟁이 서점주인 동시에 베스트셀러 작가다. 서점 업무 틈틈이 이곳에 앉아 소설 쓰는 것을 즐긴다. 그녀의 작품은 유럽에선 꽤 유명하다. 범죄소설을 시리즈로 썼으며, 서점을 운영하며 겪은 에피소드를 모은 2014년 에세이 〈나의 아름다운 서점〉은 7개 국어로 번역되기도 했다 (국내 번역 제목은 〈어느 날 서점 주인이 되었습니다〉로, '서점을 하나 인수했다'는 문장으로 시작되는 빈의 동네 책방 이야기다). 소설의 배경은 언제나 빈의 베링거Währinger 지구 코티지, 자신이 살고 있는 동네이자 〈윤무Reigen〉를 쓴 유명 작가 아르투어 슈니츨러Arthur Schnitzler, 1862-1931가 살았던 동네다. 이곳에서 그녀는 100년 전의 서점을 배경으로 한 이야기들을 즐겨 다룬다.

이들은 옆집에 누가 사는지도 모르는 현대 도시의 삶이 아니라, 동네에서 서로 알고 함께 살아가는 옛 방식의 삶을 추구한다. "오스트리아에는 '동네공급자'라는 단어가 있습니다. 이는 집 가까운 곳에 필요한 존재라는 뜻입니다. 우리가 바로 그렇습니다. 우리 서점은 지역 사람들이 만나는 소통의 장소입니다. 우리 서점이 없는 이 지역을 상상할 수 없어요"라고 올리버는 강조한다. 고객들을 위해 많은 노력을 기울이는 특별한 서점. 이 서점은 지역 공동체의 일원이며 하르틀리프 부부는 지역 주민과 상인들을 돕는 일에 앞장서고 있다. 이들의 행보는 단순한 서점 이상의 의미를 지니기에 충분하다. 지역 주민을 위해 정기적으로 소식지(2012년부터 연 2회 발간)도 발간한다. 직원들이 직접 기획하고 집필하는 도서정보잡지다. 책에 관한 정보와

소식을 담고 있다. 신간 서적을 소개하고 직원들이 분야를 나눠 특별히 권하고 싶은 책을 소개한다. 서점을 방문하는 이 지역의 고객에게 2만 부를 나눠주고 있다. 또한 2호점(Hartliebs Bücher Livres & Libri)에서는 프랑스어와 이탈리아어 서적을 전문적으로 다루고 있다. 우연히 알게 된 점포가 너무 아름다워 고민하다가 2013년부터 2호점을 운영하고 있는데, 부부가 상근하지 않고 자율적으로 운영하고 있다.

"저희 가족 모두에게 책이 중요합니다. 책과 함께 사는 삶은 너무 아름답고 책은 저희 삶의 일부입니다." 책을 좋아하는 사람이 책을 좋아하는 사람들에게 책을 파는 서점. 그 단순한 원칙이 지켜지는 곳이 하르틀리프의 책이다. 책에 대한 페트라의 유별난 사랑이 삶의 위안이나 행복을 넘어 공동체의 희망으로 다가온다. "언젠가 사다리에서 떨어져서 죽는 날까지 오래오래 이 일을 하고 싶다"는 말에는 페트라의 진솔함이 담겨 있다.

book & culture

튀르켄샨츠 공원 산책

아르투어 슈니츨러 문학의 유산

'하르틀리프의 책' 서점 부근에는 일상의 여유를 즐길 수 있는 튀르켄샨츠 공원(Türkenschanzpark)이 있다. 이 한가하고 고요한 곳에 아르투어 슈니츨러 기념상(Arthur Schnitzler Memorial Statue)이 세워져 있다. 또한 공원 부근에는 슈니츨러가 거주하며 글을 썼던 집이 있다. 이 일대를 산책하는 페트라 하르틀리프는 슈니츨러의 삶과 작품에서 종종 영감을 얻는다. 1862년 빈의 상류층에서 태어난 슈니츨러는 빈대학에서 의학 공부를 했으며 1893년 개인 병원을 열면서 문학 작품을 쓰는 작가로 활동하기 시작했다. 1893년 단막극 〈아나톨(Anatol)〉을 발표했으며, 1897년 완성한 〈윤무〉는 공연이 금지되었다가 24년이 지나서야 초연이 되었다. 스탠리 큐브릭 감독의 유작 〈아이즈 와이드 셧〉(1999)은 슈니츨러의 〈꿈의 노벨레(Traumnovelle)〉로부터 영향을 받은 바 있다.

INTERVIEW

"소규모 서점에는 활발한 활동과 자기 희생이 필요합니다."

페트라 하르트리프(Petra Hartlieb)
서점주

서점의 시대는 지나갔다는 말이 나오는 이 시대에 변함없이 계속 서점을 운영하는 것이 그녀의 목표다.

◐ '하르트리프의 책'이란 서점은 만남의 장소라는 생각이 듭니다.

저는 외향적인 사람이고 호기심이 많아서 새로운 사람을 만나고, 사람들과 친해지는 것을 좋아합니다. 손님이 들어오면 말을 걸면서 이것저것 질문을 하죠. 내성적인 주인이었더라면 그렇지 않았겠지만, 우리 서점이 사랑방처럼 되어서 시장님께서도 마당발인 저를 제2의 시장이라고 부르기도 합니다. 이 동네에 사는 모든 분들이 책을 좋아하고 저희 책방에서 책을 구입하는데, 물론 저와 친분이 있습니다. 여러 사람들을 위한 만남의 장소가 되어준다는 점이 매우 중요해요.

◐ 보통은 서점에 가면 스스로 책을 고르는데 여기서는 고객들이 점원과 대화합니다.

그게 바로 우리와 대형 서점과의 차이점입니다. 우리 서점에 들어오시면 우선 수많은 책에 강렬한 인상을 받습니다. 구입하길 원하는 책이 있다면 상관없지만, 연애, 범죄 소설 등에 막연히 관심이 있다면 고객들이 저희에게 어떤 책이 좋은지를 물어봅니다. 특히 아동도서의 경우가 그러한데, 우리는 어린이들을 매우 중요하게 생각해요. 오늘 열 살짜리 아이가 와서 연령에 맞지 않는 책을 달라고 하길래 제가 너에게 맞지 않는 책이라고 충고했죠. 아이와 한참 이야기를 나누면서 아이가 흥미 있어 할 만한 주제를 토론했습니다. 그 책이 12.5유로인데, 제가 10분 동안 이야기를 나누었다면 그건 남는 장사가 절대 아니죠. 하지만 저는 그 손님이 다시 올 거라는 점을 알고 있습니다.

◉ **서점은 책을 파는 곳인데 그 이상의 무엇이 될 필요가 있나요?**

서점은 책만 파는 곳이 아니라 이야기를 나누고, 사는 이야기도 하는 곳입니다. 우리 책방에는 노인들이 굉장히 많이 오시는데 말 동무가 없기 때문입니다. 예전에는 상점에 가서 사람들과 이야기를 나누었는데 이제는 서점밖에 남지 않았죠. 오전에 저희 서점에 와서 책을 한 권 사면서 허리가 아프다거나 어젯밤에 잠을 잘 못 잤다, 주말에 아들이 보러 온다는 둥 자기 삶의 얘기를 늘어놓는 노인이 많습니다. 서점에 와서 책을 사고 돈을 지불하고 가는 게 아니라 그 이상이 존재하죠. 그리고 사람들도 그걸 느낀다고 믿어요. 우리 서점의 성공 비결은 모든 게 옛날과 똑같다는 것을 손님에게 보여주는 데 있습니다.

◉ **왜 오프라인 서점이 계속 유지되어야 한다고 생각하나요?**

없어진다면 아주 유감이겠죠. 이런 서점들 때문에 지역이 매우 활성화됩니다. 인프라 구축에 매우 중요한 점포들이 없는 도시에 살기를 원하지는 않을 겁니다. 누구도 1층에 오직 주차장만 있는 도시에서는 살고 싶지 않겠죠. 아이들이 가게에 와서 화장실을 갈 수도 있고, 열쇠를 잃어버렸다면서 엄마를 찾을 수도 있고, 서점에 잠시 앉아 쉬다가 친구를 만날 수도 있으니 이런 작은 점포들이 많으면 도시에 활력을 더합니다.

◉ **온라인숍은 어떻게 시작하게 되었나요?**

제가 여러 인터뷰를 통해 출판 서점계를 모두 파괴하는 아마존을 비난해왔지만 항상 비난만 하는 것이 아니라 대안을 제시해야 한다고 느꼈습니다. 인터넷이나 뉴미디어를 비롯해 온라인 시장을 근본적으로 반대하는 것은 아닙니다. 각자 의식을 가지고 인터넷으로 물건을 살 수 있다고 생각하기 때문이죠. 온라인숍 오픈은 서점 근처에 살지 않는 고객을 위해선 좋은 일입니다. 처음 오픈했을 때는 잘 돌아가지 않았습니다. 매장 판매가 80%, 온라인 판매가 20% 정도로 유지된다면 서점의 이미지와 운영에도 도움이 됩니다.

◉ **전 세계적으로 작은 서점들이 많이 문을 닫고 있는데, 어떤 조언을 하고 싶나요?**

오스트리아가 더 나은 이유는 임대료 동결이라는 법률이 있기 때문입니다. 게다가 전국 어디에서나 책의 가격은 동일하죠. 아마존이나 다른 어느 서점이나 가격이 똑같아요. 대기업이 덤핑을 통해서 가격 체계를 무너뜨리지 못하도록 하고 있죠. 그런 법이 없다면 가격 경쟁에서 살아남을 수 없으므로 우리 같은 서점이 존재하지 못했을 겁니다. 아마존에서 25유로에 팔고 있는 책을 35유로로 판다면 아무도 우리에게 오지 않을 테니, 이게 가장 중요한 전제 조건입니다. 그리고 이런 위치에서 5000유로(약 700만원)의 임대료를 낸다면 제가 버티지 못했겠죠. 서점 같은 점포에 대해서 정부 차원의 임대료 지원이 바람직하다고 생각합니다. 먼저 열망이나 의지가 없다면 서점을 열지 말아야 된다고 봐요.

ANTIQUARIAT BURGVERLAG
부르크페어락 고서점

+ **Add** Burgring 1+3, 1010 Wien   + **Business Hours** (월~금) 10:00~13:00, 14:00-18:00
+ **Email** antiquariat@burgverlag.com   + **Website** www.burgverlag.com

황금빛을 머금은 상호와 붉은 창틀이 유혹하는 서점. 계단을 올라 복층의 난간을 따라 걷다 보면 마치 책의 터널 속으로 들어온 듯 아늑함에 빠져든다.

작은 서점이 수백 년 동안 문을 열고 유지되면 결국 서점은 그 도시의 문화가 되고 역사가 된다. 빈에서 합스부르크 왕가의 유산을 직접 체험하기 위해 제일 먼저 들러야 하는 장소가 있다. 호프부르크 왕궁The Hofburg과 마리아 테레지아 여왕의 권위를 확인할 수 있는 마리아 테레지아 광장Maria-Theresien-Platz이다. 이 광장 옆에는 오스트리아 최대 규모를 자랑하는 미술사박물관Kunsthistorisches Museum Wien이 있는데, 부근(맞은편)에는 바로 빈의 문화이자 역사가 된 서점이 있다. 아침 일찍, 힘차게 자전거 페달을 밟으면서 오는 서점주가 있다. 그가 문을 여는 곳은 빈에서 유명한 고서적 전문 서점인 부르크페어락이다. 평생 동안 고서를 수집해온 한 남자가 쌓아 올린 책의 성전이다. 규모는 크지 않지만 유럽에선 아름다운 서점으로 정평이 나 있다. 황금빛 문자(서점 이름)와 붉은 창틀. 부르크링Burgring 지역을 지키고 있는 멋진 쇼윈도에는 둥근 전등이 반사되어 고서적과 함께 고풍스런 분위기를 자아낸다. 문을 열고 들어가면 오로지 책만을 위해 설계된 쾌적한 공간이 눈앞에 펼쳐진다.

시간이 천천히 흐르는 고서점

"여기에는 음악가의 일대기와 음악사, 연극 도서, 아동 도서, 세계와 유럽의 군사 역사학에 관한 책이 있습니다. 이쪽에는 철학에 관한 책이 있고요. 아래쪽에는 큰 사이즈의 책들이 있는데요. 이 책은 스페인어로 된 밀턴John Milton, 1608-1674의 〈실낙원 Paradise Lost〉입니다. 여기 프랑스어판 괴테Johann Wolfgang von Goethe, 1749-1832의 〈젊은 베르테르의 슬픔The Sorrows of Young Werther〉이 있네요. 조르주 상드George Sand, 1804-1876가 서문을 썼습니다. 판화로 된 아름다운 삽화가 들어 있죠. 저는 이 아름다운 시계가 놓인 코너를 가장 좋아합니다. 이 소리를 들으면 마음이 평화로워져요. 그리고 다시 일하러 갈 수 있습니다." 고서점의 이모저모를 친절하게 설명하는 로베르트 쇼이젠가이어Robert Schoisengeier 서점주는 고서적 외에도 가치가 높은 원고, 자필서명이나 친필, 그림 등을 거래한다. 오직 골동품 거래만 해온 그는 이 일이 평생의 천직이다. 고객들은 그의 순수한 열정과 경쟁력을 높이 평가한다. 현재 이 서점이 보유하고 있는 고서적은 10만 권 정도. 요식업, 종교학, 미술사, 문학, 희귀한 골동 판화들, 철학 등 매우 다양한 분야를 다루고 있다. 요즘엔 온라인을 통해서 주문하는 고객도 많다.

"오늘 오전 주문한 책들을 분류하고 포장해 고객들에게 배송할 겁니다. 이것은 칼 크라우스Karl Kraus, 1874-1936의 초판본이며 이것은 그랑샹Grandchamp의 유머러스한 작품입니다. 1898년에 출판된 쿠바 내전에 관한 책도 있네요." 로베르트는 고서적을 능숙하게 다루며 설명한다. 고서적은 종이가 부풀어 오르고 책의 장정이 파손된 경우가 많다. 소소한 수선은 서점주가 직접 하는데 그의 분신 같은 오래된 목재 프레스가 서점의 분위기와 아주 잘 어울린다. "책을 접착하거나 부분적으로 수선해야 할 경우, 이 목재 프레스를 사용합니다. 여기에 책을 넣고 손잡이를 돌린 후 몇 시간에서 며칠이 지나면 접착제가 잘 고정되고 휘어졌던 책도 편평해집니다."

이곳에서 시간은 아주 천천히 흐른다. 그의 책 중에는 깜짝 놀랄 만큼 높은 가치를 지닌 책이 많은데, 잠시 그의 보물들을 구경하는 재미도 빼놓을 수 없다. "여기 조그만 보물이 있습니다. 에티오피아에서 19세기 초에 만들어진 성경책입니다. 1820년경에 쓰였어요. 천으로 표지를 했다는 점이 특이한데 휴대할 수 있는 구조로 되어 있습니다. 여기 또 보여드릴 게 있네요. 19세기에 출판된 것으로 레오나르도 다빈치Leonardo da Vinci, 1452-1519의 〈최후의 만찬The Last Supper〉에 관한 책입니다. 레오나르도가 노년에 그린 자화상이 실려 있죠. 이 책은 밀라노에서 1810년에 인쇄되었으며 이탈리아어로 쓰여 있습니다. 이 책은 그리 비싸지 않아 제가 3500유로(약 480만원)에 팔고 있습니다. 책이 마음에 드셨으면 좋겠네요. 이 자리에 100여 년 동안 존재해온 고서점에서 말입니다."

부르크페어락은 1920년에 문을 열었는데 당시에는 서점 영업은 하지 않고 출판사만 운영했다. 폐업 직전까지 갔던 서점을 로베르트가 1996년에 인수했다. 그가 구입할 당시에도 이미 현존하는 가장 매혹적인 고서점으로 회자되고 있었다. 고서적 전문가인 그는 서점을 인수한 후 자신만의 컬렉션으로 서가를 재구성하고 지금의 아름다운 서점으로 변모시켜왔다. "저는 낡은 책의 냄새와 촉감이 새 책보다 더 좋았습니다. 양피지나 가죽 커버가 고귀한 금속과 결합한 모습이나 디자인, 삽화는 하나의 예술작품이었습니다. 저는 처음부터 이 모든 것에 매우 매료되었습니다." 고서적에 대한 매혹, 그것이 로베르트의 원동력이었다.

"책들은 종종 그 자체로 하나의 예술작품과 같다"고 말하는 로베르트 쇼이젠가이어 서점주의 고서적 예찬은 계속된다.

사실 고서적 전문가에게 필요한 능력은 광범위하다. 일단 라틴어를 읽을 수 있어야 하고, 미술과 문학과 역사에 두루두루 해박해야만 한다. 책의 가치를 알아보는 심미안 역시 기본이다. 다른 골동품상들이 발견하지 못한 것을 찾아내어 그 책의 특성을 설명할 수 있어야 이윤을 남길 수 있다. 예를 들어 책의 여백에 손글씨로 써놓은 부분을 발견하고 이를 설명하고 보증할 수 있어야 프리미엄을 요구할 수 있다. 혹은 그 책이 어떤 귀족이나 왕족들, 저명한 학자가 소유했었다는 사실을 증명해야 한다. 그런 부분이 고서적상의 능력인 셈이다. 고객이 찾는 책을 구해 원하는 컬렉션을 완성해줄 때, 그때가 서점주에겐 가장 행복한 순간이다. 서점이 유명세가 있다 보니 다른 나라에서 찾아오는 고객도 많다. 예루살렘 히브리대학의 철학 연구소 연구원이 이스라엘에서 직접 역사와 철학 책을 찾으러 오기도 했다.

"도시를 더욱 다채롭고 풍요롭게 만들기 위해 유럽뿐 아니라 전 세계의 도시에 이런 고서점들이 남아 있어야 한다고 생각합니다. 고서적상은 과거의 문화를 현대에 소개하고 전달합니다. 모든 학문의 영역을 집으로 가져갈 수 있어요. 그리고 석학들과 대화를 나눌 수도 있죠." 세월의 두께를 덧입은 공간에서 안락하게 고서적을 둘러볼 수 있는 서점들은 그 숫자가 줄어들었고, 고객은 서점에 방문할 필요 없이 온라인으로 저렴하게 서적을 구매할 수 있게 되었다. 그 결과 전 세계의 아름다운 고서적 서점들이 점점 숫자가 줄어들면서 사라지고 있다. 오늘날 문화 전달자이자 문화 매개자의 역할을 꿋꿋이 수행하는 부르크페어락이 돋보이는 이유다.

ÖBV BUCHHANDLUNG
외베파우 서점

+ **Add** Schwarzenbergstraße 5, 1010 Wien   + **Business Hours** (월~금) 10:00~18:00 (토) 10:00~14:00
+ **Email** buchhandlung@oebv.net   + **Website** www.oebv.net

외베파우의 역사와 의미는 서점 한편을 지키고 있는 오래된 동판화 속에서 찾을 수 있다. 외베파우는 파도를 헤치며 나오는 거대한 배로 묘사되어 있다.

합스부르크 왕가와 특별한 인연을 간직하고 있는 곳, 외베파우 서점이다. 외베파우의 역사는 출판에서 시작된다. 오스트리아 최초의 국영교과서를 발간한 곳이다. 마리아 테레지아는 1774년에 의무교육 제도를 도입했는데 그때 여왕으로부터 국영교과서 출판사로 임명된 곳이 외베파우다. 자신들이 만든 책을 팔기 위해 만들어진 공간이 바로 이 서점이다. "1923년에 서점을 개업했습니다. 외베파우 출판사의 자체 서적을 판매하기 위해서였죠. 학생 외에도 교과서를 원하는 분들이 있어서 여기 이 자리에서 작은 서적 판매대를 두고 판매하기 시작했습니다. 그러다 점점 유명해지자 서점을 더 확장시켜 나갔죠." 서점 지배인 베로니카 사블라트니히 Veronika Sablatnig가 서점의 역사를 설명한다. 서점에는 대규모의 아동, 학습 도서 영역이 있으며, 그녀는 교사, 부모, 아이들을 담당하고 있다. 구입할 책을 결정하고 고객에게 조언하면서 판매하는 일 등 일당백의 일을 하는데 서점이 항상 멋지게 보이도록 유지하는 일도 빠지지 않는다. 의외로 학생이나 부모들이 스스로에게 어떤 책이 필요한지를 전혀 모를 경우가 많기 때문에 책에 대해 이야기하며 서점에서 직접 조언을 해주는 일이 중요하다고 강조한다.

지금도 외베파우는 교육 서적만을 취급한다. 십대 청소년과 성인들이 대상이다. 성인들 역시 학교에서 교육 코스를 거치므로 이들을 위한 교재를 판매한다. 학습과 교육이 외베파우의 주된 영역이다. 시판되는 교과서를 전부 볼 수 있고, 교사들이 방문해 교재로 쓰고 싶은 책을 고르는 데 도움을 준다. 자국의 책뿐 아니라 다양한 나라의 언어에 대한 책도 함께 취급하고 있는데, K팝 등 한국 관련 책도 있다. 서점에 걸려 있는 오래된 동판화 속에서 외베파우는 파도를 헤치며 나오는 거대한 배로 묘사돼 있다. 1923년 이 건물은 학교였고, 학교의 사명을 서점이 이어가고 있다. 위풍당당한 모습은 지금도 변함이 없다. "모두에게 직업교육의 가능성을 열어주고, 우리의 책을 통해 학업이 부진한 이들이 도움을 받는 것이 가장 큰 과제입니다. 누구라도 인터넷으로 책을 사지 않고 우리에게 와서 책을 살펴볼 수 있게 하는 일이 우리에게 매우 중요합니다." 시대 변화에 맞춰 웹사이트를 열고 직접 주문할 수 있도록 했다. 독일, 미국 등 전 세계로 판매 서적을 배송하고 있다. 아름다운 배움의 공간에서 강연회뿐만 아니라 오스트리아 작가들이 직접 책을 낭독하는 행사도 열린다.

MANZ 만츠

+ **Add** Kohlmarkt 16, 1010 Wien / Johannesgasse 23, 1010 Wien
+ **Email** bestellen@manz.at   + **Website** www.manz.at

빈은 아돌프 로스의 건축으로 유명하다.
콜마르크트에 있는 만츠 서점의 정문은 아돌프 로스의 유산으로 오랫동안 사랑받아왔다.

빈의 심장부라 할 수 있는 링 로드 안의 인너레 슈타트Innere Stadt. 슈테판 대성당St. Stephen's Cathedral, 알베르티나 미술관Albertina 등이 있어 여행객들의 사랑을 독차지하는 곳이다. 이곳에 오스트리아 최대 규모의 법률서적 전문 출판사이자 빈에서 가장 오래된 서점 중 하나인 만츠가 있다. 독일 법전과 오스트리아 합스부르크 왕가의 법전 전부를 출판한 곳이다. 175년 전, 1848년 혁명 이후 독일 서적상 프리드리히 만츠Friedrich Manz가 설립했는데, 당시에는 서점이 우선이었고 그에 부속된 출판사를 세우는 것이 일반적이었다. 검은 대리석과 조화를 이루고 있는 만츠의 황금 글자가 이들의 역사를 대변한다. "여기서 1912년 아돌프 로스가 건축한 만츠의 정문을 볼 수 있습니다. 당시 로스는 출입구의 끝부분을 서점 안으로 배치해서 고객을 끌어들이도록 설계했습니다. 그래서 출입구가 서점 내부에 걸쳐져 있습니다. 개인적으로는 석재가 마음에 드는데 이탈리아 카라라의 대리석이며, 간판의 황금 글자도 빈에서 모르는 사람이 없을 정도로 유명합니다"라고 수잔 스타인프레슬Susanne Stein-Pressl 서점주는 설명한다. 만츠는 서점이 호황인 시기에 출판사 건물MANZ Verlag은 요하네스가세Johannesgasse, 아돌프 로스Adolf Loos, 1870-1933의 건축을 품은 서점은 콜마르크트Kohlmarkt로 나눠 유지해왔다.

〈백 투 더 북스〉가 이곳을 방문할 당시, 110년 전에 설계된 서점은 강력한 붉은색 책들로 서가를 가득 채우고 있었다. 붉은색 장정은 만츠의 전통을 상징하며 법률서적 전문 서점이라는 자부심을 강렬히 표출했다. 오래된 전통을 자랑하는 서점답게 유명한 법학자들이 쓴 책을 매장에서 구할 수 있었다. 더불어 법률서적과 20세기 현대 건축을 이끈 건축가 아돌프 로스의 결합이 무척 잘 어울린다고 감탄했다. 견고한 가치와 강건한 실용성의 만남. 무엇보다 로스의 설계를 110년이 넘도록 유지하고 있다는 게 놀라웠다(미하엘러 광장Michaelerplatz의 로스하우스Looshaus 역시 로스의 솜씨다). 하지만 올해 6월 중순, 안타까운 일이 벌어졌다. 서점주 스타인프레슬은 일찍이 디지털화를 준비해왔지만 또 다른 변화의 필요성을 인정하며 만츠 서점의 문을 닫았다. 팬데믹 전후로 웹숍의 판매에 치중하던 만츠는 기존 고객들을 위한 서비스를 계속해 나가고 있지만 서점을 재개할 가능성은 불투명한 상태다. 매장 투어는 웹사이트를 통한 가상 3D 투어 형태로 운영될 예정이다.

도서관 애호가들을 위한 선물

궁정도서관의 품위, 오스트리아 국립도서관(Nationalbibliothek)

+ Add Josefsplatz 1, 1010 Wien **+ Website** www.onb.ac.at

호프부르크(Hofburg) 신왕궁에는 유럽에서 가장 오래된 도서관으로 꼽히는 오스트리아 국립도서관(Nationalbibliothek)이 있다. 18세기 구궁정서관의 일부로 지어진 스테이트 홀은 길이 80미터, 높이 20미터에 달한다. 두 쌍의 대리석 기둥이 돔 모양의 천장을 지지하며 서가가 벽을 따라 늘어서 있다. 정교하게 장식된 돔과 많은 프레스코화가 제국의 영광을 대변하고 있다. 1726년부터 1730년까지 그려진 천장화는 궁정화가 다니엘 그란(Daniel Gran, 1694-1757)의 솜씨다. 바로크 시대의 전성기에 제작된 천장의 프레스코화가 오늘날 생생할 정도로 선명하지만 사실 전쟁의 아픔을 피할 수는 없었다. 1848년 포격을 당하고 도서관의 지붕에 화재가 발생해 손상된 돔 프레스코화를 1850년에 프란츠 게일링(Franz Geyling, 1803-1875)이 복원한 것이다.

세계에서 가장 아름다운 도서관이라는 찬사를 받는 곳이다. 책은 때론 어떤 벽화, 어떤 장식품보다 아름답다. "수집품이 준비되고 전시되기까지 200년 이상의 시간이 필요했습니다. 도서관은 단순히 수집품으로만 이루어진 것이 아니라 조직적 구조와 공간 그리고 이용자들이 필요하기 때문"이라고 안드레아스 핑어나겔(Andreas Fingernagel) 국립도서관 필사본 수집책임자는 말한다. 이곳에 소장된 도서는 약 390만 권(책과 역사적 유물을 합치면 무려 1000만 개가 넘는다). 상당수가 유네스코 세계기록유산으로 등재돼 있다. 초기 간행본을 비롯해 음악 원고, 사진, 지도, 지구본 등 독특한 컬렉션을 가지고 있다. 책들은 금박으로 화려하게 장식되기도 했는데, 이는 당시까지만 해도 매우 귀한 사치품이었기 때문이다. 그들에게 책은 단순히 읽는 것 이상의 가치를 지닌 보물이었다.

arts & culture

빈 미술 여행의 출발점

클림트의 황금빛 유혹을 소장한 벨베데레 궁전(Schloss Belvedere)

+ **Add** 상궁 Prinz Eugen-Straße 27, 1030 Wien/ 하궁 Rennweg 6, 1030 Wien
+ **Website** www.belvedere.at

빈 하면 누구나 떠올리는 화가는 단연 구스타프 클림트(Gustav Klimt, 1862-1918)다. 클림트의 작품을 보고 싶다면 꼭 방문해야 하는 곳이 벨베데레다. 빈의 남동쪽에 위치한 벨베데레 궁전은 사보이아 공국의 오이겐 공(Prinz Eugen von Savoyen, 1663-1736)을 위한 여름 별궁으로 세워졌다. 벨베데레가 '좋은 전망'을 의미하는 것처럼 어딜 봐도 아름다운 곳이다. 요한 루카스 폰 힐데브란트(Johann Lucas von Hildebrandt, 1668-1745)가 설계한 바로크 양식 건축물과 도미니크 지라르(Dominique Girard)의 프랑스식 정원을 즐길 수 있다. 궁전은 1712년에 하궁부터 건축을 시작해 1723년에 상궁이 완성되었다. 지금은 궁을 미술관으로 사용 중인데 상궁은 오스트리아 현대 미술품을, 하궁은 중세, 바로크 미술품을 전시하고 있다. 상궁에는 분리파(Secession, 19세기 말부터 20세기 초 빈을 중심으로 한 근대 예술 및 건축운동)를 대표하는 화가 클림트의 작품이 숨 쉬고 있다. 그의 대표작 <키스>(1908), <유디트I>(1901)을 만나볼 수 있다. 에곤 실레를 비롯해 오스트리아를 대표하는 예술가와 프랑스 인상파의 작품을 소장하고 있다.

BUCHHANDLUNG HÖLLRIGL
휠리글 서점

+ **Add** Sigmund-Haffner-Gasse 10, 5020 Salzburg   + **Business Hours** (월~금) 10:00~18:00 (토) 9:00~17:00
+ **Email** office@hoellrigl.co.at   + **Website** buchhandlung-frick.at/filialen/buchhandlung-hoellrigl

오래된 도시에는 각자의 사연을 간직한 고서점들이 있다. 볼프강 아마데우스 모차르트Wolfgang Amadeus Mozart, 1756-1791의 고향 잘츠부르크Salzburg에도 오스트리아를 대표하는 서점이 있다. 소금을 뜻하는 '잘츠'와 성을 지칭하는 '부르크'가 합쳐진 이름에서 알 수 있듯이 소금 광산이 번성했던 곳이다. 구시가지가 유네스코 세계문화유산에 지정될 정도로 유서 깊은 건축물들이 즐비하다. 약 430년 전에 잘츠부르크의 구시가에 문을 연 휠리글은 오스트리아에서 가장 오래된 서점이다. 막상 서점에 들어서면 수백 년 된 서점이라는 사실이 믿기지 않을 정도로 평범하고 수수한 동네 책방처럼 편안하게 다가온다. 그러나 조금만 시선을 돌려도 알 수 있듯 서점 곳곳이 유물이라는 사실을 발견할 수 있다. 'MDLV 1555년'이라는 표시(로마 숫자)가 눈에 들어온다. 1500년대에 만들어진 문이 아직도 그대로 있고, 문 앞에 설치된 세면대는 지금도 사용 중이다.

음악과 함께 흐르는 서점의 전통

휠리글에서 전문 서적과 실용 서적을 담당하고 있는 로스비타 푹스 Roswitha Fuchs 서점 지배인은 "이 서점의 특별한 점은 역사 그 자체라 할 수 있습니다. 이 서점은 1594년에 설립되어 420년 이상 운영되고 있습니다. 그리고 항상 바로 이 장소에 존재했지요. 당시에는 책을 읽을 줄 아는 사람이 별로 없었어요. 책을 읽을 수 있었던 사람들은 수도원의 성직자들이었지요. 그래서 처음에는 천주교의 문헌을 만드는 인쇄소로 시작을 했습니다"라며 서점의 오래된 나이와 역사를 설명한다. 1594년에 시작한 이후 수차례 주인이 바뀌었고 20세기 초에 휠리글이 인수했다. 처음 문을 열었던 그 자리 그대로다. 4세기 전에도 이곳은 서점이었고, 지금도 서점이라는 사실이 믿겨지는지! 언제나 변치 않고 자리를 지키는, 느긋하게 책을 즐길 수 있는 우아한 서점이다. 휠리글은 많은 이들이 잘츠부르크에서 가장 선호하는 장소이자 오스트리아인들이 자부심을 느끼는 훌륭한 문화유산이다. 전통적인 서점답게 이를 차별화해

휠리글 서점의 정문 벽에는 오스트리아에서 가장 오래된 서점(1594년)이라는 팻말이 붙어 있다. 내부에도 시간을 잊은 유물,
즉 1500년대 제작된 문과 물이 나오는 세면대가 손님을 반긴다.

상당히 다양한 분야의 고전문학을 판매하고 있다. 영문학, 독문학 등 거의 대부분 책들이 넓은 1층에 전시되어 있고 이 부분을 강점으로 손꼽는다.

이것이 전부는 아니다. 16세기에 지어진 서점이 간직한 아우라만큼 특별한 공간이 있다. 보물창고 같은 비밀의 장소가 존재한다. 13세기(1294년)에 만들어진 것으로 추정되는 서점 지하실에는 당시의 흔적이 그대로 남아 있다. 지하실의 천장은 어둡고 소름 끼치는 분위기가 있어 이곳에는 주로 판타지 도서를 진열하고 있다. 이 공간의 분위기는 특히 판타지 도서와 잘 어울리기 때문에 별도의 서점 공간처럼 활용하고 있는 셈이다. 여기엔 일본 만화와 펜 터치 책들도 있다. 수백 년 된 건물에서 책을 본다는 건 그 자체로 환상적인 일이다. 수 세기 전, 이곳에서 책을 보고 있었을 누군가를 상상해볼 수 있다. "이곳에서는 책 속에 깊이 빠져들 수도 있죠. 완전히 다른, 새로운 경험을 할 수 있게 해주는 곳입니다. 서점에서 일하는 것은 저에게 여전히 꿈의 직업입니다. 책들이 가득하죠. 책을 사는 사람은 유쾌하고 편안한 사람들이에요. 그 사람들과 교류한다는 것이 참 좋습니다." 꿈의 서점에서 30년을 근무한 로스비타

서점 밖에서 보면 16세기의 건물이란 사실이 믿기지 않지만 막상 건물 지하로 내려가면 마치 타임머신을 탄 것처럼 역사의 흔적과 만날 수 있다. 지하실은 판타지 도서가 뿜어내는 에너지로 가득하다.

휠리글의 두껍고 오래된 벽을 각별히 아끼는 로스비타 지배인은 "서점은 느낌과 감성을 가진 존재입니다. 이곳에선 꿈을 꿀 수 있습니다"라고 설명한다. 서점이 만들어내는 놀라운 아우라에 자부심을 느낀다.

는 전통적인 서점이 시민들에게 중요한 의미를 가지고 있다고 역설한다.

휠리글에 오면 정문 위 2층에 고풍스러운 부엉이 간판을 만날 수 있다. "잘츠부르크에 아주 특별한 점이 있죠. 저 골목 아래를 내려다보면 동업조합 간판이 있어요. 당시에는 사람들이 글자를 읽을 줄 몰랐죠. 그래서 사람들이 간판을 보고 어떤 상점인지 알 수 있었어요. 여기가 신발 수공업자, 그리고 여기는 서점이 있고요. 서점에는 부엉이 표시가 있는데 부엉이는 영특함과 겸손함 그리고 깊은 사색을 상징하죠. 그래서 부엉이는 우리 서점 간판에 걸려 있습니다. 동업조합 간판이죠. 부엉이 간판 너머로 골목을 바라보면 정말 예뻐요"라며 그만이 알고 있는 휠리글의 숨겨진 아름다움을 귀띔해준다. "이 서점은 앞으로도 계속 존재할 거예요. 왜냐하면 사람들을 끌어들이는 굉장한 매력을 가지고 있거든요. 잘츠부르크 페스티벌이 열리면 전 세계에서 많은 손님들이 서점을 찾아오죠!"

휠리글 부근에는 노란 집으로 유명한 모차르트 생가 Mozarts Geburtshaus뿐만 아니라 잘츠부르크 축제극장 Salzburger Festspiele이 있다. 이곳에서 매년 여름, 전 세계 클래식 마니아들이 사랑하는 잘츠부르크 페스티벌(1920년부터 시작된 세계적인 클래식 음악 축제, 매년 7월 말부터 한 달간 전용극장과 유적지에서 공연 개최)이 열린다. 세계적으로 유명한 예술가나 지휘자 또는 오페라 성악가들이 이 서점을 찾아온다. 여기에서 책을 사고 있는 위대한 아티스트를 만난다고 해도 놀랄 일은 아니다. 변함없는 서점의 매력 때문에 잘츠부르크를 찾는 단골손님이 점점 늘어나고 있다.

ANTIQUARIAT JOHANNES MÜLLER
요하네스 뮐러 고서점

+ Add A-5020 Salzburg - Franz-Josef-Strasse 19   **+ Business Hours** (월~금) 10:00~18:00 (토) 10:00~14:00
+ Email office@antiquariat-mueller.at   **+ Website** www.antiquariat-mueller.at

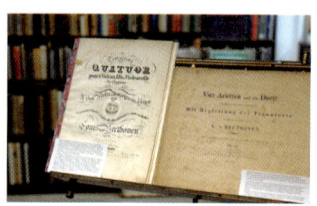

"책이 본래 모습을 유지하는 것이 중요하다"고 강조하는 뮐러 서점주는 젊은 시절 골동품상을 거쳐 지금은 바로크 시대의 책을 취급한다.

잘츠부르크를 대표하는 고서적 전문 서점으로 발길을 옮겨보자. 큰 유리창을 수놓은 푸른색 상호가 친숙하게 느껴지는 이 서점은 잘츠부르크 역에서 가까운 곳에 위치해 있다. 약 5000권 정도의 고서적을 보유하고 있는데 주로 18세기 이전의 책만을 취급하는 것이 특징이다. "이 일은 저에게 마치 중독과 같아요. 저는 항상 새로운 책을 찾아 헤매고 있죠"라고 고백하는 요하네스 뮐러Johannes Müller 서점주는 평생 동안 고서적만을 수집해온 서적 전문가다. 의학, 지리학, 역사 또는 과학 및 기술 서적 분야에서 오래된 인쇄물 등이 있지만 이 서점 컬렉션에서 가장 중요하게 취급되는 분야는 음악 관련 고서들이다. "잘츠부르크에서 모차르트를 빼놓고 이야기할 수는 없을 것입니다. 이것은 모차르트가 마지막으로 남긴 작품으로 유명한 〈레퀴엠Requiem〉의 초판본 피아노 악보입니다. 모차르트가 1791년에 작곡을 시작했고 이 곡을 작곡하던 도중에 사망했죠. 3분의 2 정도만을 마친 상태였습니다. 이 피아노 악보는 초판본으로 전 세계적으로도 매우 희귀한 편에 속합니다. 베토벤의 최초 인쇄 악보도 볼 수 있습니다. 〈4개의 아리아와 하나의 듀엣〉, 1811년 라이프치히의 브라이트코프 출판사에서 인쇄했습니다"라며 뮐러 서점주는 설명한다. 이 서점에는 우리가 흔히 알고 있는 음악가의 악보뿐 아니라 중세에 발간된 희귀 도서도 많다.

"인큐나불라incunabula는 1500년 이전에 인쇄된 책들을 말합니다. 여기에 아주 특별하고 아름다운 인큐나불라가 있습니다. 이 성가 모음집(퀼른 출판, 1496년)은 후기 고딕 시대 제본의 원형을 그대로 가지고 있습니다. 교회 건축물에서 선생님이 학생들을 가르치는 모습을 담은 것으로 이러한 내용의 삽화가 들어 있는 것은 이 책이 최초라는 점에서 중요성을 갖습니다. 500년 이상 된 책들을 구하기란 매우 어려운 일입니다. 원래의 형태를 유지하고 있는 책은 더욱 그렇습니다. 이 책은 황동으로 된 잠금쇠가 있어서 책을 잠글 수 있습니다. 잠금쇠가 달려 있는 이유는 간단합니다. 17세기에는 지금보다 벌레가 많았을 겁니다. 책벌레로부터 책을 보호하기 위한 장치였던 셈이죠. 이러한 책들을 발견하는 것은 저에게 가장 중요한 과제입니다." 구텐베르크의 인쇄술 발명 직후 1400년대 후반 활판 인쇄 요람기의 책인 인큐나불라. 이런 책들을 보고 있으면 책이 그 자체로 미적 가치를 지닌 예술품이라 해도 과언이 아니다. 책이 귀했던 시절에 만들어진, 책에서만 느낄 수 있는 유일한 매력이다.

 book & culture

모차르트에 대해 알고 싶은 모든 것
모차르테움 재단의
모차르트 도서관(Bibliotheca Mozartiana)

+ Add Schwarzstr. 26, 5020 Salzburg   **+ Website** www.mozarteum.at

모차르테움(Mozarteum) 재단은 모차르트 서거 50주년을 맞아 1841년 잘츠부르크에 설립한 모차르트 연구 기관이다. 모차르트에 관한 모든 자료를 보존하는 기념관과 음악가 양성을 위한 모차르테움 음악원을 운영 중이다. 모차르테움 음악원은 오스트리아 출신의 세계적인 지휘자 헤르베르트 폰 카라얀(Herbert von Karajan, 1908-1989)을 배출한 곳으로 유명하다. 모차르테움의 모차르트 도서관(Bibliotheca Mozartiana)은 이름에서 알 수 있듯이 모차르트로 특화되어 있다. 모차르트에 관해 세계에서 가장 많은 자료를 소장하고 있다고 자부하는 곳이다. 약 3만 5000권(책, 에세이)과 6000곡 이상의 음악을 만날 수 있다. "이 도서관이 중요한 이유는 모차르트 관련 연구의 중심지

세계 곳곳에서 이뤄지는 모차르트 연구 자료를 모으고 분석하는 것이 모차르트 도서관의 주 업무다.

이기 때문입니다. 도서관일 뿐만 아니라 많은 음악학자와 전문가들이 여러 가지 주제로 모차르트를 연구하고 있습니다." 아르민 브린칭(Armin Brinzing) 도서관장의 설명이다.

 arts & culture

모차르트의 발길을 따라서

모차르트의 추억이 깃든
잘츠부르크 대성당(Salzburg Cathedral)

+ **Add** Kapitelplatz 2, 5020 Salzburg   + **Website** www.salzburger-dom.at

구시가지의 명소로 웅장함을 자랑하는 대성당은 774년에 처음 건립되었지만 화재로 완전히 소실되었다. 1628년에 바로크 양식으로 다시 세워졌으며 1944년 연합군의 폭격으로 돔이 파괴되었다가 1959년에 복구되었다. 건축적으로 큰 의미를 지닌 곳이지만 이 성당을 유명하게 만든 건 따로 있다. 아직도 모차르트가 1756년 1월에 유아세례를 받았다는 로마네스크식 세례반(Baptismal font)이 남아 있다. 700년이 넘은 세례반만큼이나 인기를 끄는 것은 파이프가 무려 6000개에 달하는 유럽에서 가장 큰 파이프 오르간이다. 이 파이프 오르간이 특별한 것은 단지 크기만이 아니다. 모차르트는 젊은 시절, 성당에서 오르간을 연주했다. 오르간 연주자로 활약하는 그의 모습을 상상하기에 안성맞춤인 장소다. 대성당은 낮 12시에 오르간 콘서트를 진행하는 전통을 고수하고 있으며 오르간 소리로 활기를 불어넣고 있다.

젊은 시절 모차르트가 직접 연주했던 오르간이 아직도 잘츠부르크 대성당에서 웅장하게 울려 퍼지고 있다.

DIETER TAUSCH ANTIQUARIAT & GALERIE
디터 타우슈 고서점

DIETER TAUSCH ANTIQUARIAT & GALERIE

+ **Add** Adolf Pichler Platz 12 A-6020 Innsbruck   + **Business Hours** (수~금) 15:00~18:00
+ **Email** dieter.tausch@aon.at   + **Website** www.antiquariat-galerie-tausch.com

알프스의 수도라 불리는 인스브루크Innsbruck. 알프스의 중앙에 위치해 알프스의 문화를 고스란히 계승하고 있다. 인Inn강과 다리를 뜻하는 브뤼케brücke의 합성어로 '인강 위에 놓인 다리'라는 뜻이다. 로마 시대부터 알프스 교통의 요지로 발전했으며 서유럽에서 가장 인기 있는 겨울 스포츠 관광도시로 유명하다. 동계올림픽이 1964년과 1976년 두 번이나 열린 곳이다. 그 역사적인 순간을 간직한 베르기젤 언덕의 스키 점프대Bergisel Schanze가 있다. 2003년에 새롭게 완공된 점프대는 동대문디자인플라자 DDP로 친숙한 자하 하디드Zaha Hadid, 1950-2016가 설계했다. 해발 574미터에 형성된 도시는 어디에서 봐도 알프스 산맥이 보인다. 이 도시만이 누릴 수 있는 최고의 호사는 역시 자연 풍광이다. 그곳에 고서점 디터 타우슈가 숨 쉬고 있다.

헤르만 헤세의 대가가 운영하는 서점

디터 타우슈Dieter Tausch 서점주는 오스트리아 서부지역 최고의 고문서 전문가로 1972년부터 고서점상을 시작했다. 지금의 서점은 1979년부터 갤러리처럼 운영 중이다. 그가 보유한 고서와 고문서는 수천 점에 이르는데, 개인 컬렉션으로는 오스트리아 서부에서 가장 방대한 양으로 알려져 있다. "이 공간은 손님들을 맞이하고 저희 상품을 전시하며 판매하는 곳입니다. 가능한 한 매력적인 책과 그림을 전시하기 위해 노력하고 있습니다." 그는 책뿐만 아니라 오래된 편지나 기록물, 포스터 등 문서 기록 전반을 취급한다. 그렇다면 그가 가진 최고의 보물은 무엇일까. 조심스럽게 유리장을 열고 보관함 하나를 꺼내서 공개한다. "갈릴레오 갈릴레이Galileo Galilei, 1564-1642의 편지입니다. 이것은 아마도 다시 볼 수 없는 편지일 겁니다. 그가 죽기 3년 전에 남긴 것으로 메디치 가문과의 약속이 담긴 편지입니다. 메디치 가문에서 보내주기로 약속한 와인이 아직 도착하지 않았다는 내용이 담겨있죠. 제가 오랜 세월 수집했던 것 중 가장 특별한 것입니다." 갈릴레오 갈릴레이의 서명이 선명하다. 때로는 편지 한 장이 수백 권의 책보다 더 많은 걸 이야기한다. 공적인 모습과는 또 다른, 내밀하고 비밀스러운 이야기를 엿볼 수 있다. 그것이 바로 사적 기록물이 갖는 매력이자 특별한 가치다. 요즘에는 괴테와 쉴러, 프란츠 리스트Franz Liszt, 1811-1886, 니콜라우스

디터 타우슈 서점은 유명인의 사적 편지나 개인 기록물에 관심이
높고 그 분야의 자료를 가장 많이 소장하고 있다.
예전에는 플라카트(선전용 벽보)를 그냥 버리기 십상이었지만
오늘날에는 플라카트와 사진이 수집가들에게 무척 인기가 있다.

레나우Nikolaus Lenau, 1802-1850 같은 사람들이 직접 쓴 친필을 모으고 있다. 이와 관련해 조사하고 내용을 체크하고 가치를 평가한 후 시장에 내놓는 일이다.

디터 타우슈는 1986년부터 인스브루크 법원의 전문 증인이자 감정인으로 활동하고 있다. 2002년과 2007년, 빈 박물관의 도서관들을 평가하기도 했다. 그를 찾는 사람이 많으니 방문할 곳도 많다. 그의 발길이 향한 곳은 인스브루크에서 가장 많은 방문객이 찾는다는 티롤 주립박물관Tiroler Landesmuseum. 박물관에서 새로운 문서나 책이 발견되면 그에게 감정을 요청한다. 수집품을 제공하기도 하고 자문도 하는데, 벌써 수십 년째 이런 협업관계를 유지해오고 있다. "이건 에곤 실레가 직접 쓴 편지죠. 그가 그린 엽서입니다. 여기 뒷면을 보세요." 에곤 실레Egon Schiele, 1890-1918의 편지와 스케치, 그림첩 등이 한꺼번에 쏟아져 나온다. 진위 여부를 가리는 일은 꽤 까다로워서 그는 본격적인 분석 작업에 다시 들어가야 한다. "우리는 오랫동안 함께 일을 해왔습니다. 그는 우리에게 소중한 수집품들을 제공해줍니다. 책에 대한 감정이 필요한 경우에는 공식적인 감정을 해주기도 합니다. 저희는 수집품의 가치를 평가할 때 타우슈 씨의 도움을 받고 있습니다." 티롤 주립박물관 수집품 책임자, 롤란드 젤러는 타우슈와의 협력을 설명한다. 이렇듯 유럽에서 고서적상의 권위는 상당하다. 그들 대부분이 지역의 박물관과 관계를 맺고 있다. 이뿐이 아니다. 빈 박물관에서 감정을 부탁하는 경우도 있고, 최근에는 케른텐Kärnten주의 도서관에서 잉에보르크 바흐만Ingeborg Bachmann, 1926-1973과 관련한 내용을 감정해달라는 의뢰를 받았다.

"호기심은 고서점상에겐 아주 중요한 요소입니다. 그래서 모든 것을 제대로 살펴봅니다."
50년 경력을 지닌 타우슈는 모든 이를 존중하고 항상 호기심을 갖는 것이 자신의 기본 원칙이라고 밝힌다.

타우슈가 가장 좋아하는 건 독일어권 문학가들이 남긴 기록이다. 문학을 좋아해서 그들에 대한 기록을 추적하기 시작한 것인데, 그러다 보니 그 분야 최고의 전문가가 되었다. "자연은 꽃을 세상에 선물하고 예술은 그것으로 화환을 만든다."(바이마르 1791년 1월 31일, 괴테) 확대경까지 끼고 괴테의 글을 꼼꼼히 살펴보고 있다. "괴테는 정말 오래 살았고 살아 있는 동안 매우 유명한 사람이 되었습니다. 누가 자신을 초대하면 이런 작은 종이에 시를 적어서 감사를 전했죠. 사람들이 이렇게 바이마르에서 유명한 사람을 만난 것을 기념하기 위해 편지를 소장하고 있었습니다."

특히 그는 자타가 인정하는 헤르만 헤세 Hermann Hesse, 1877-1962 전문가다. 수백 개의 타자기 문서 속에서도 헤세의 것을 찾아낼 수 있다고 한다. 십대에 헤르만 헤세의 책을 읽고 감동을 받았고 발행물을 사면서 인연이 시작되었다. 오래전부터 그와 관련된 모든 것을 사 모으기 시작했다. 그가 25년 동안 손으로 쓴 것들, 직접 그리고 사인을 한 수채화, 그가 인도를 여행하면서 보냈던 엽서 편지, 특별 발행물까지. 덕분에 아주 전형적인 헤르만 헤세의 감사편지를 볼 수 있다. '나는 당신이 제네바 호수에서 충분한 휴식을 취하고/ 기운을 되찾아 집으로 돌아오기를 바랍니다./ 당신의 인사와 감사를 전하며. 헤르만 헤세' 편지를 보면서 설명한다. "그는 작은 선물과 함께 이 편지를 같이 보냈습니다. 정원에 불을 피우는 군터 뵈머 Gunther Böhmer 의 그림이 마음에 듭니다. 이렇게 유명한 사람의 편지가 제 손을 거쳐 가는 것은 기쁜 일입니다." 그는 1996년 미국 샌프란시스코에서 열린 북 페어에서 헤세와 관련한 종합 컬렉션을 선보인 적이 있는데, 1999년 한국에 이 컬렉션을 판매하는 계기가 되었다.

"여러 이유가 있겠지만 손으로 만졌을 때 그 느낌입니다. 커버에 싸인 그 책을 손으로 만지는 것, 그래픽 디자인, 그리고 향기. 오래된 책은 향기가 너무 좋습니다." 지금은 세상에 없는 사람이 쓴 편지를 손으로 만지고, 그 종이의 무게를 재보는 것이 그의 행복이다. 개인 선물용으로 이상적인 가격에 속하는 다양하고 독특한 책과 그래픽을 보관하려는 그의 노력이 서점을 찾는 고객들에게 깊은 신뢰를 주고 있다. 그는 지금까지 50년 동안 이 일을 해왔고 앞으로도 지속할 생각이다. 타우슈에게 이 일보다 즐거운 것은 없기 때문이다. 인터넷을 통해 모든 것이 완전히 변해버리면서 고서의 전성기는 이미 지났다고 하지만 그의 열정은 변함이 없다.

Greece

BACK TO THE BOOKS — GREECE

그리스

신화의 땅,
인문학의 꽃

'신들의 정원'으로 불리는 그리스 아테네에서는 시간의 흐름이 잠시 멈춘다. 아테네에서 생활의 중심이자 소통의 장소였던 아고라, 플라톤과 아리스토텔레스의 흔적, 아카데미의 기원 등 유럽 문명의 뿌리를 찾아 시간여행을 할 수 있다. 기원전의 역사를 넘나드는 경험이 아테네 여행의 매력이라면 그리스를 찾는 또 다른 이유 중 하나는 에게해에 펼쳐진 수많은 섬을 들 수 있다. 산토리니, 크레타섬 등은 유럽을 비롯해 세계 각국에서 찾아오는 이들로 붐빈다. 어느 섬을 찾든 지중해의 햇살과 코발트색 바다, 부드럽고 시원하게 불어오는 바람이 지상낙원으로 안내한다. 늘 신명나는 그리스인 조르바의 흥은 이런 바다와 바람이라면 이해가 될 법도 하다. 척박한 듯 보이는 땅에는 올리브 나무가 수호천사처럼 함께하며 풍요로움을 더한다. 아테네, 메테오라, 산토리니를 거쳐 크레타에서 유럽 책 여행의 대단원을 장식했다.

LEMONI 레모니
Λεμόνι

+ **Add** Iraklidon 22, Thiseio 118 51, Athens   + **Business Hours** (월~금) 9:30~21:30 (토) 9:30~18:00
+ **Email** books@lemoni.gr   + **Website** www.lemoni.gr

레모니 서점은 문을 열 때부터 많은 사랑을 독차지했다. "우리 집 같은 존재가 되었고 우리 인생이 되었습니다. 기쁨을 주는 일이라 힘들지 않습니다"라고 크세노스 서점주는 말한다.

고대 문명의 산실인 그리스는 오늘날 서구 문화의 기초를 세운 나라답게 많은 유적과 신화가 남아 있다. 내륙에는 수도 아테네^Athens와 항구 도시 테살로니키^Thessaloniki 같은 역사적인 도시가 관광객을 불러들이고 있다. 아테네를 찾는 이들이 제일 먼저 방문하는 유적지는 도심 중앙에 위치한 아크로폴리스^Acropolis로, 수천 년 전에 누렸을 찬란한 영광과 투쟁의 역사 속으로 관광객을 이끈다. '높은 언덕 위의 도시'란 뜻의 아크로폴리스는 시내에서 올려다봐도 혹은 그곳에서 시내를 내려다봐도 아테네라는 도시를 사랑하기에 충분한 장관을 연출한다. 동서로 길쭉한 탁자 모양의 바위 언덕은 도시 어디에 머물든 시야에 들어오며, 특히 석양과 함께 조명을 받으며 드러나는 야경은 신비로움 그 자체다.

시대 변화의 바람이 불어오는 아테네에서 여전히 옛 동네 느낌을 간직한 올드타운. 광장과 골목은 언제나 사람들로 붐빈다. 그리스의 진면목을 보기 위해 전 세계에서 사람들이 모여들기 때문이다. 이곳에서 한참을 걷다 보면 싱그러운 오렌지 나무 가로수길이 나온다. 오렌지 나무가 방문객들에게 환영 인사를 건네는 것처럼 정겹다. 그 골목 끝에 레몬 향기 물씬 나는 레모니 서점이 있다. 아크로폴리스와 고대 아고라에서 가까운 아테네의 역사적 중심지 티세이오^Thiseio 지역, 헤라클레이돈 박물관^Herakleidon Museum 부근에 위치한 서점은 아테네 독자들 사이에서 명성이 자자하다.

향긋한 레몬 향이 피어나는 서점

1998년 5월에 운영을 시작한 서점은 어느새 25년이 흘렀다. 서점 앞마당 공간에 간이 책상과 의자를 놓고 여러 명이 옹기종기 모여 있다. "이 문제가 얼마나 현대적이고 우리 시대에 공감이 되는지 보세요. 모든 아이들은 자기애가 있습니다. 우리 모두 어렸을 때 자기애가 있었습니다." 서점주는 이들과 이탈리아 심리학자 마시모 레칼카티^Massimo Recalcati의 책을 계기로 텔레마코스^Telemachos, 오디세우스의 아들에 대해 이야기를 나누는 중이다. 서점주와 독자가 서로 좋아하는 책을 읽고 토론하는 일명 독서 마라톤이 펼쳐지고 있다. 이들은 마라톤을 완주하듯 길게 토론한다. "독자들과의 관계는 쌍방향입니다. 함께 마음에 든 책이나 독자들 마음에 든 책에 대해 대화를 나눕니다"라고 레모니 서점주 스피로스 크세노스Spiros Xenos는 말한다. 작고 비좁은 서점을 가득 채운 책은 대부분 독서 마라톤에 참가했던 책들이다. 토론할 책을 서점주가 정할 때도 있고, 독자들이 정할 때도 있다. 독자들보다 서점주가 더 열정적으로 토론한다. 오늘 독서 마라톤이 열렸던 서점의 앞마당은 때로는 프레젠테이션 홀로 변신하기도 한다. 작가들이 신간을 발표하거나 사인해주는 이벤트를 진행해왔다.

"이곳으로 들어와서 이 작은 마당을 만났을 때 제가 본 것은 어떤 계시였습니다. 나무마다 레몬이 풍성하게 열려 있었기 때문입니다. 그래서 생각했죠. 이 서점을 '레모니lemoni'라고 부르면 얼마나 아름다울까. 아주 밝은 데다 단어의 발음도 경쾌하고 시 같죠." 그가 서점을 열기 위해 처음 방문했을 때 서점 안 작은 정원에는 이 서점의 상징인 레몬 나무 두 그루가 있었다. "한번 드셔보세요. 레몬차입니다. 그리스에서는 이것을 케라스마kerasma, 환대라고 하는데요. 우리 서점에 찾아오시는 분들께 차를 드립니다. 레몬 조각은 뒷마당에 있는 레몬 나무에서 따온 것입니다." 레몬 나무에서 바로 딴 레몬으로 차를 만들어 환영의 의미로 단골손님들에게 대접하고 있다. 레모니 서점은 혈기왕성한 서점주가 직접 읽거나 그의 눈에 띈 책을 추천하고 있다. 사실 이 서점의 모습은 어떻게 하면 수천 권의 책을 좁은 공간에 효율적으로 넣을 수 있을까 고민했던 결과다. 아이러니하지만 이 좁은 공간이 약점이 아니라 결국 이점이 된다는 걸 알게 되었다. 책을 둘 공간이 협소하다는 제한 때문에 오히려 그리스와 해외에서 품질이 좋은 책만을 엄선해 찾았고, 그런 책들만 책장에 두었기 때문이다.

레모니는 서점 앞 공간을 활용해 문학에 열정적인 독자들을 위한 이벤트를 연다. 서점 독자들 중 많은 이가 화가여서 그들을 위한 작은 전시회도 개최해왔다. 책과 미술품의 대화 같은 결합은 서점을 풍성하게 만든다.

젊은 단골손님이 찾아오자 서점주 크세노스는 직접 읽은 책을 추천하는 일에 몰두한다. "이 책의 작가는 프랑스인 장폴 뒤부아입니다. 2019년 콩쿠르상 수상작이죠. 2년간 미국 감옥에 억울하게 갇히게 된 한 평범한 사람의 이야기죠. 감옥에서 그는 아주 멋지고 강렬한 실존적 독백을 하는데 독백이 너무나 아름답습니다." 그가 열렬히 추천하는 책은 시련 속에서도 자기 자신이 되기를 희망하는 주인공의 이야기, 〈모두가 세상을 똑같이 살지는 않아〉다. 소설 〈프랑스적인 삶〉〈타네 씨, 농담하지 마세요〉 등으로 국내에서도 많은 사랑을 받아온 1950년생 장폴 뒤부아 Jean-Paul Dubois의 화제작이다. 그의 책 소개를 들으면 책에 대한 열정과 고객에 대한 진심이 직접 전해지는 듯하다. 항상 그리스 서지와 새로운 출판물 중에서 최고의 책을 선택하려고 노력한다. 철학과 문학 분야의 시에 대한 훌륭한 정보를 가지고 있으며 정기적으로 작가의 책 프레젠테이션과 시각예술가의 전시회를 진행해왔다. 책이 너무 좋아서 서점주가 됐다는 그에게 그리스의 출판산업은 또 하나의 자부심이다. "아주 좋은 책이 많습니다. 우리 눈에 띄어 추천하는 책들이죠. 사실 그리스는 작은 나라지만 풍부하고 품질 좋은 출판 제작을 자랑할 만합니다."

EVRIPIDIS 에우리피데스
Ευριπίδης

+ **Add** Andrea Papandreou 11(inside the arcade), 152 32 Chalandri, Athens
+ **Business Hours** (월~금) 9:00~21:00 (토) 9:00~18:00   + **Email** kentriko@evripidis.gr   + **Website** www.evripidis.gr

그리스 3대 비극 시인 중 한 명인 에우리피데스Euripides, BC 484- BC 406의 이름을 딴 서점이 있다. 인간에 대한 깊은 이해와 동정을 품고 운명을 거부했던 그는 엘렉트라 콤플렉스(딸이 아버지에 대한 애정으로 어머니에게 반감을 갖는 증상)란 심리용어를 탄생시킨 소설 〈엘렉트라Electra〉와 사랑을 위해 조국과 아버지를 배신한 악녀의 대명사 〈메데이아Medeia〉의 작가다. 그리스 문학을 대표하는 작가의 이름을 내세운 찰란드리Chalandri의 서점에는 '산장'이라는 별명이 있다. 도심 한가운데 산장! 책 속에서 편안하게 휴식을 취하는 곳이란 뜻이다. 에우리피데스 조각상이 그려져 있는 붉은색 간판이 분주한 상가 사이에서 넌지시 손짓을 한다.

그리스 시인이 안내하는 도심 속의 안식처

"우리 서점의 역사는 1995년에 시작됐습니다. 이 점포는 1998년에 건축되었죠. 아테네의 서점들 중 유일하게 처음부터 서점으로 사용하려고 지은 건물입니다. 우리가 원했던 것은 독자들 주변 곳곳에 책이 가득 차 있는 것입니다. 고개를 들어 그 어디를 쳐다보든 책을 볼 수 있게 360도로 책과 햇빛이 가득한 자신들의 서가에 있는 것처럼요." 서점주 테오도르 바실로풀로스Theodore Vassilopoulos는 서점에 대한 자부심을 숨기지 않았다. 사방이 책으로 둘러싸인 책과 빛의 집. 궁극적으로 그가 원한 것은 고객들이 자신의 집에 있는 느낌을 받는 것이다.

에우리피데스 서점은 아테네 찰란드리의 상업지역, 아케이드 안에 위치하고 있다.
'모든 곳에 책과 빛이 있는 공간'을 꿈꾸는 바실로풀로스 서점주는 2012년 키피시아(Kifissia)에 3호점을 오픈했다.

서점 한가운데 보이드Void 공간에는 커다란 나무뿌리가 매달려 있다. 마치 현대 예술 작품처럼 강렬한 인상을 준다. "이 나무는 인생, 영감, 창조를 상징합니다. 그리고 나무뿌리가 땅속 깊숙이 있어 흔들리지 않는 것처럼 우리 서점의 뿌리가 깊어 우리 가치가 흔들리지 않는다는 걸 의미합니다. 나무의 가지가 서로 얽혀 있고 모든 가지가 하늘을 바라보고 있는데요. 이것과 비슷하게 우리 서점에서는 아이디어와 지식과 문화가 만나고 합쳐져 특별한 것이 이뤄집니다. 이 만남의 목적은 더 좋은 사람을 만드는 것입니다." 서점주의 의도대로, 이곳에선 쉴 새 없이 책의 향연이 펼쳐진다. 만물의 근원을 불이라고 주장했던 헤라클레이토스Heraclitus는 "세상에서 가장 아름다운 질서는 그 자체로는 사소한 것들을 무작위로 모아놓은 것"이라고 말한 바 있다. 오랜 세월 동안 탄생한 각양각색의 책들이 모여 아름다운 조화를 빚어내는 것이 바로 서점이 아닐까. 이 서점에서 신들의 축복을 받아 사후에 엘리시온Elysion, 축복받은 자들이 사는 섬으로 갈 수 있었던 아킬레우스Achilleus, 플라톤Plato의 〈향연Symposium〉에 나오는 아리스토파네스Aristophanes 연설 중 등장하는 안드로규노스androgynous, 남녀 양쪽의 성질을 모두 가진 양성구유와의 만남을 상상하는 것은 어렵지 않다.

더불어 에우리피데스에는 서점주의 멋진 철학을 반영한 매력적인 서비스가 준비되어 있다. 3층에는 독자들이 책을 빌려 읽을 수 있는 한적한 카페가 있다. 책으로 둘러싸인 세련되고 지적인 공간에서 책의 세계로 조용히 빠져드는 특별한 경험. 그리스 문화의 저력은 여기에서 나온다.

에우리피데스 서점에 들어오면 25년 동안 서점을 지키고 있는 수호자, 커다란 나무뿌리가 손님을 반긴다.
3층으로 올라오면 한적하게 책과 대화를 나눌 수 있는 공간이 마련되어 있다.

book & culture

아테네의 상징을 만나다
아크로폴리스(Acropolis) 위에 자리 잡은 파르테논(Parthenon)

2500여 년 전, 아테네 제국은 에게해를 지배했다. 아테네의 영광을 상징하는 증거가 바로 아크로폴리스와 파르테논 신전이다. 아크로폴리스는 신앙과 정치의 중심지였다. 그리스 도시국가마다 이런 높은 언덕에 아크로폴리스가 있었기에 원래는 고유명사가 아니지만, 오늘날은 아테네에 있는 아크로폴리스를 가리키는 것으로 쓰인다. 미케네(Mycenae) 문명 시대인 BC 16세기에서 BC 12세기 무렵에 처음 만들어졌을 것으로 추정된다. 아테네의 수호신 아테나(Athena, 지혜와 전쟁의 여신)를 위한 신전을 포함해 여러 신들을 위한 신전을 짓기 시작하면서 신성한 장소로 자리매김했다. 군사적으로 방어에 유리한 철옹성처럼 단단한 요새이자 성소인 아크로폴리스가 아테네의 심장으로 불리는 데는 그만한 이유가 있다. 살라미스 해전(BC 480년)에서 페르시아 제국의 함대를 물리친 아테네인들의 자신감과 아테나 여신에 대한 감사의 마음을 표현한 것이 파르테논이다. 남북 방향으로 기둥 8개, 동서 방향으로 기둥 17개인 장중한 파르테논 신전은 유네스코 세계문화유산 1호로, 서구 건축의 원형이 되었다. 그리스 건축의 주두 양식 중 도리스식 기둥을 대표하는 건축물이다.

FREE THINKING ZONE
프리씽킹존

FREE THINKING ZONE

+ **Add** Skoufa 64 str & Grivaion, Athens
+ **Business Hours** (월, 수) 10:30~19:30 (화, 목, 금) 10:30~20:30 (토) 10:30~16:30
+ **Email** info@freethinkingzone.gr   + **Website** www.freethinkingzone.gr

오늘날에도 그리스인들은 서로 다른 생각과 다른 관점을 두고 토론하길 좋아한다. 이 서점은 그런 의미에서 더욱 특별한 곳이다. 신념이 충돌하고, 해답을 찾는다. 프리씽킹존은 컨템포러리 아트와 사유를 위한 콘셉트 서점이다. 2011년 11월 아테네 콜로나키Kolonaki 지역에 설립된 행동주의 서점으로 자유를 위해 투쟁하고 시민들을 인권 보호에 참여시킨다. 프랑스 작가 조르주 바타유Georges Bataille, 1897-1962의 표현을 빌려 '밤중에 어둠이 아니라 하늘의 푸르름을 보는 사람들(during the night they don't see the darkness but the blue of the sky)'과 연대하고자 한다. 서점 내부는 우리가 으레 생각하는 서점과는 사뭇 다른 모습이다. 친한 지인의 집에 초대받은 기분이다. 책은 서가에 반듯하게 진열되어 있지만, 책보다 다른 것들이 먼저 눈에 들어온다. 그림, 포스터, 옷, 와인 등 누군가의 거실에 있을 법한 이런 물건들로 가득하다. 심지어 낙서가 빽빽한 기둥까지! 누구나 마음껏 자신의 생각을 적을 수 있는 낙서 전용 공간으로 기능하고 있다. 유심히 집중해 살펴보면, '위대한 생각은 토론에서 나온다' '읽어라 생각해라 자유로워져라' '죽기 전에 닥쳐라' 등의 낙서들이 시대의 화두처럼 적혀 있다. 커피숍, 갤러리, 공동작업 공간이자 관심사에 맞는 문화, 정치, 사회적 이벤트를 항상 찾을 수 있는 공간이다.

토론이 자유롭게 펼쳐지는 제2의 아고라

프리씽킹존에서 가장 특별한 공간은 사람들이 모여 앉아 토론할 수 있는 작은 탁자다. 토론의 주제는 그리스 사회를 뜨겁게 달구는 각 분야의 핫 이슈들. 유명 정치인과 과학자, 기업인, 예술인도 참여한다. 어딘가 최초의 민주주의를 탄생시킨 고대 그리스의 토론광장, 아고라를 연상시킨다. 여기서 진행되는 토론의 주제는 그리스의 사회와 정치다. 평등, 다양성, 그리스에 들어오는 난민들에 대해 토론한다. 문학 토론이나 책 사인회, 사회적 모임, 시 발표도 빠지지 않는다. "우리를 찾아오는 사람들은 정치, 사회적 이슈에 대해 잘 아는 사람들이고, 책을 사랑하며 사회에 변화를 주고 싶은 사람들이고 자연과 인권을 존중하고 개혁을 요구하는 사람들"이라면서 서점주 아레티 기오르길리Areti Georgili는 이곳만의 특징을 소개한다.

"우리가 원한 것은 보통 서점이 아니라 일반 사람의 집이었습니다. 편하게 앉아 책을 읽는 거죠. 제일 중요한 것은 이 서점이 운동가들의 서점이라는 점입니다"라고 기오르길리 서점주는 초심을 설명한다.

"그리스 제2의 도시인 테살로니키에 다른 서점을 오픈하고, 해외 다른 곳에 서점을 세우는 것이 제 목표입니다.
파리 아니면 서울! 저는 다 좋습니다." 집처럼 편안함이 느껴지는 서점을 확장하는 것이 서점주의 꿈이다.

    프리씽킹존은 원래 항구에서 사용되는 프리트레이드존Free trade zone이라는 용어에서 단어 하나를 바꿔서 지은 것이다. 프리트레이드존은 항구에 수출, 수입하기 전에 무료로 물건을 보관할 수 있는 구역이다. "우리는 우리가 하고 싶은 것을 생각하면서 이름을 짓게 되었습니다. 그러니까 인권을 지키기 위한 활동이죠. 프리씽킹존을 그리스어로 번역하면 '이꼬스 아노히스 스케프쎄온 οίκος ανοχής σκέψεων'입니다. 그리스어로 이 단어는 두 가지 의미가 있는데, 자유무역지역과 매춘이 이루어지는 장소를 뜻합니다. 그래서 이 장소는 생각과 아이디어를 파는 곳이자, 자유롭게 생각을 말할 수 있는 공간입니다. 우리는 절대 비난하지 않습니다." 올바른 정치와 사회를 꿈꾸는 이들은 그리스어로 도발적인 이름을 선택했다.

    이 서점이 오픈할 무렵, 그리스는 좋지 않은 시기를 겪었다. 경제적으로 많이 힘들 때라 사회가 무척 불안정했다. 그리스 사람들이 두 편으로 나뉘어 있었다. 일부는 유럽연합에 남아 있기를 원했고 다른 일부는 탈퇴하길 원했다. 하지만 토론으로 해결하지 못했고 아테네에는 큰 데모가 일어나고 길이 불타고 폭력시위가 심각했다. "오픈 전만 해도 저는 아직 해외에 있었어요. 그리스로 돌아와서 제 나라에 도움이 되고 싶었습니다. 도와줄 수 있는 방법은 시민들이 편하고 자유롭게 토론할 수 있는 공간을 만들어주는 것이었습니다. 생각이 전혀 다른 두 사람이 나란히 옆에 앉아 싸우지 않으면서, 욕하지 않으면서 대화할 수 있는 구역을 만드는 겁니다. 그래서 우리가 하는 토론과 대화의 내용은 그리스의 사회와 정치입니다. 평등, 그리스의 다양성, 난민들에 대해 토론하게 되었지요." 서점에서 설왕설래 토론이 펼쳐질 때 꼭 필요한 것이 있다고 기오르길리는 귀띔한다. '띵동띵동' 호텔 로비에 있을 법한 초인종을 누르는 그녀의 모습이 재미있다. "이것은 저한테 매우 큰 도움을 주는 물건입니다. 토론을 할 때 사람들의 의견이 서로 맞지 않으면 말다툼이 일어나고 톤이 높아지며 소리를 지르기도 합니다. 그때 제 목소리가 묻히면 초인종을 눌러서 다 멈추게 만들죠. 멈추지 않으면 제가 직접 다가가서 심판자가 됩니다. 그러면 대부분은 멈춥니다. 아주 예의 바른 사람들인데 열정 때문에 잠시 다투는 거예요. 이렇게 하면 주변을 잠깐 살피고 멈춥니다." 그의 이런 능숙한 태도를 보면 서점주보다는 토론 진행자라는 표현이 더 어울릴 것 같다.

팬데믹 시기에 잠시 중단을 겪었지만 여전히 이곳은 그리스에서 가장 혁신적인 생각을 가진 사람들의 구심체다. 평등, 난민권익보호, LGBTQI 공동체, 폭력 반대 등의 행사와 활동에 참여하고자 하는 사람들의 공동체다. 이곳을 사랑하는 자원봉사자들이 네트워크를 구축하고 있다. 서점 안에서만 활동하는 것이 아니라 밖으로 나가 길 위에서도 다양한 프로젝트를 진행하고 있다. 그간 정부기관, NGO와 700개 넘는 행사를 열었고, 유럽에서만 여섯 명의 수상이 찾아왔을 정도다. 이 서점은 갈등과 분열을 줄여보자는 순수한 열망에서 시작됐다. 결국 생각이 완전히 다른 이들이 싸움을 멈추고 대화할 수 있는 세상이 목표다. 2013년에 프리씽킹존 출판사를 설립했으며, 아테네 월드 북 캐피탈 2018의 지원을 받아 '책벌레 이겨라 Beat the BookBug'라고 불리는 책 애호가들을 위한 그리스 최초의 보드게임을 출판하기도 했다.

아테네 사람들은 대화를 원한다면 프리씽킹존을 찾아가라고 말한다. 이곳엔 서점을 단순히 책을 사고파는 곳이 아니라 행동하는 곳이라고 믿는 사람들이 있다. 이들은 자유로운 생각, 검열되지 않은 토론을 원한다. 누구보다 새로운 사상에 불씨를 지피는 일에 관심이 더 많다. 아테네의 최초이자 유일한 행동주의 서점으로, 이곳이 꿈꾸는 민주주의적 실험이 디지털 시대에도 통하고 있다.

LEXIKOPOLEIO 렉시코폴리오
Λεξικοπωλείο

+ Add 13 Stasinou str, Pagrati, 11635 Athens **+ Business Hours** (월~금) 10:00~21:00 (토) 10:00~18:00
+ Email to@lexikopoleio.com **+ Website** www.lexikopoleio.com

아테네는 오래된 책들의 천국이다. 허름한 시장 골목 헌책방들도 큰 서점 못지않은 인기를 누린다. 헌책 한 권에 1유로씩 하는 대로변 가판대에도 퇴근길의 손님들이 몰린다. 그리스와 유로존이 재정위기를 맞았을 때도 그리스인들은 손에서 책을 놓지 않고, 위기 극복의 지혜를 책에서 찾았다. 그러다 보니, 전문 분야에서 자신만의 독특한 영역을 개척한 서점들도 있다. 오로지 사전만 파는 이 서점도 그중 하나다. 세상의 모든 지식이 궁금하다면 바로 이곳으로 오면 된다.

세상의 모든 사전이 머무는 공간

'렉시코 lexiko'는 그리스어로 '사전'이란 뜻이다. 사전이라고 하면 국어사전, 영어사전 같은 언어 사전만 생각하기 십상인데 이곳에는 다양한 사전이 존재한다. 이곳에 오면 사전에 대한 생각이 완전히 바뀐다. 북아메리카 인디언 토속어, 중국 소수민족의 사투리 같은 어학사전은 기본이고 의학, 물리학, 천문학, 인류학 같은 전문 분야 사전이 있다. 아이들이 좋아할 만한 공룡 사전도 볼 수 있고, 말 그대로 각양각색의 사전이 존재감을 드러내고 있다. "우리는 숲에 관한 사전도 있습니다. 생태학적인 사전이죠. 꿈의 사전 ΛΕΞΙΚΟ ΤΩΝ ΟΝΕΙΡΩΝ도 있고, 이건 환각 사전 A Dictionary of Hallucinations 입니다. 환각, 아주 특이합니다." 2011년 말부터 이곳을 운영해온 서점주 디아만티스 디아만티디스 Diamantis Diamantidis는 꿈을 해석한 책과 얀 더크 블롬 Jan Dirk Blom의 환각 사전 등을 상세히 소개해준다.

GREECE — ATHENS — LEXIKOPOLEIO

렉시코폴리오는 사전으로 시작했지만 시간이 흐르면서
지금은 모든 책을 가진 서점이 되었다.
"손님이 관심 있는 사전이 가게에 없을 때도 있습니다.
우리는 최선을 다해 그 사전을 찾으려고 노력합니다. 그래서 끝까지
찾아서 챙겨줄 때가 아주 많습니다"라고 서점주는 자부한다.

매장에 같은 사전도 여러 개 언어로 번역된 버전을 갖추고 있는 데에는 나름의 이유가 있다. "우리 서점은 특별히 사전을 사랑하는 서점이었습니다. 왜냐하면 이 서점을 만든 사람들이 통역과 번역을 좋아했고, 원래 직업도 통역사와 번역가들이었습니다. 그래서 처음에는 사전을 좋아하는 사람들이 모이는 장소였다가 다양한 사전을 찾는 사람들을 위한 목적지가 되었습니다." 영어, 프랑스어, 독일어, 이탈리아어, 스페인어로 된 사전이 주로 많지만, 다른 다양한 나라의 사전도 만날 수 있다. 사전 서점이 가능한 데는 이 동네의 특징도 한몫했다. "이 동네는 아주 특별해요. 많은 예술가들이 있는 곳입니다. 대사관에서 일하는 사람도 많고, 다양한 국가의 사람들이 살고 있어요. 그리스어만 하는 사람이 아니라 여러 나라의 언어를 사용하는 사람들이 있죠. 물론 다른 동네 사람들도 많이 찾아옵니다. 왜냐하면 이 서점의 국제적인 면과 특별함을 사람들이 알고 있기 때문입니다."

이곳에서 몸값이 가장 비싼 사전은 '메가 렉시코ΜΕΓΑ ΛΕΞΙΚΟ'라는 그리스어 사전이다. 제2편인데 1958년에 출판되었다. 소장용 희귀본 사전이라서 가치가 엄청나고 판매는 하지 않는다. 그 외에도 오래된 여러 개의 사전을 가지고 있는데 최고의 상태는 아니지만, 서점을 아름답게 만들어주는 매우 중요한 사전이라고 서점주는 강조한다. "우리 렉시코폴리오 서점에는 모든 언어가 다 똑같이 소중합니다. 모든 언어들이 합쳐지면서 지금 사람들의 영혼을 완성시켰다고 봅니다. 그리스인이니 당연히 그리스어가 중요하고 그리스어로 쓰여진 책과 그리스의 역사를 알려주는 책을 사랑하지만, 우리 서점은 국제적인 마인드를 가지고 있기 때문에 모든 언어를 다 똑같이 보고 이것이 우리한테는 매우 중요합니다." 사전이 주인공인 서점이지만 영어, 그리스어, 프랑스어로 하는 독서모임, 프랑스어로 진행하는 독서 마라톤 등 이벤트가 꾸준히 진행되어왔다. 이곳에선 다양한 언어들이 제각각 살아 숨 쉬고 있다. 렉시코폴리오의 정체성을 보여주는 문장이 서점의 책갈피에 멋지게 적혀 있다. 특히 3개 언어(영어, 그리스어, 프랑스어)로 적혀 있는 것이 눈에 띈다. 소설가 로맹 가리Romain Gary, 1914-1980의 책에서 따온 글이다. '나는 사전을 좋아한다. 이 세계에서 유일하게 모든 것이 설명되고 해석되는 곳이고 그리고 영혼이 평온함을 취할 수 있는 곳이다. 그 안에는 모든 것이 확실하다.'

ANAVASI MAPS   아나바시 지도 서점

+ **Add** Voulis 32, 10557 Athens   + **Business Hours** (월, 수) 9:30~17:00 (화, 목, 금) 9:30~21:00 (토) 10:30~18:00
+ **Email** sales@anavasi.gr   + **Website** anavasi.gr

희귀한 책이라면 아테네에서 이 서점도 빼놓고 이야기할 수 없다. 서점에 들어서자마자 형형색색의 지구본에 압도된다. 매력적인 지구본을 보는 것만으로 어딘가로 훌쩍 여행을 떠나야 할 것 같은 기분이 들 수밖에 없다. 이렇게 많은 종류의 지구본을 한자리에서 보는 즐거움에 빠져 잠시 서점이라는 사실을 잊어도 좋다. 아테네에선 지구본들이 매달려 있는 가게라고 소문이 나 있다. 아나바시는 1997년부터 그리스에 관한 지도와 가이드북을 만들고 있으며, 서점은 2013년에 문을 열었다. 지리학, 고고학에 관심 있는 사람들, 등산을 즐기는 사람들이 주요 고객이다. 아테네에서 지리와 등산을 전문으로 하는 유일한 서점이다. 그리스에 있는 모든 산의 지도를 찾을 수 있기 때문에 그리스 산이 궁금하다면 이곳을 먼저 방문해야 한다.

세상을 여행하는 이들의 나침반

"우리는 그리스에 관한 독일어 책이 있습니다. 로테르의 핀도스 산맥 가이드북도 있어요"라며 서점주 이비 아다마코풀루Ivy Adamakopoulou가 아나바시를 소개한다. 주로 트레킹하는 이들, 즉 산을 타는 이들이 많이 찾아온다. 암벽등반, 등산하는 이들이 주요 고객이다. 또한 항해용 지도가 많아서 배를 타고 싶은 관광객이 찾아오는 경우가 종종 있다. 원래 지도를 제작하는 출판사답게 100종이 넘는 지도책을 직접 펴냈다. GPS 등 최신기술을 활용한 이 서점의 지도책과 가이드북은 정확도가 높아서

아나바시에 가면 유럽인과 그리스인들을 위해 제작한 그리스 산들의 지도를 찾을 수 있다. 그리스 등산은 아나바시에 시작된다.

"아나바시의 일은 지도와 가이드북을 통해 그리스 등산을 북돋워주는 것입니다.
그리스 산의 오솔길들을 기록하고, 앱을 만들어 지도를 볼 수 있도록 했습니다. 그리스 산들을 안전하게 걸을 수 있도록 말이죠."
이비 아다마코풀루 서점주는 안전한 산행에 책임감을 느낀다.

인기가 많다. 흥미로운 건 상당수의 지도책을 서점주 이비가 직접 발로 뛰면서 만들었다는 사실이다. 어머니의 뒤를 이어 지도 제작에 뛰어든 그녀는 올림포스산^Mount Olympus 지도 제작에도 참여했다. 그리스 신화 속 신들이 사는 올림포스산이다. 낭떠러지에 매달리고, 굴러 떨어지는 바위를 피해가며 완성한 지도는 추락 위험이 있는 곳, 등반 장비가 필요한 곳까지 손바닥 들여다보듯 세세한 정보를 제공한다.

"올림포스는 그리스에서 제일 높은 산이고 2917미터입니다. 우리가 이 지도를 만들기 시작했을 때 아주 위험한 산등성이를 올라갔습니다. 다 올라가려면 10시간이 소요되는 길입니다. 여기 있는 대피소에서 출발하는데, 그 지역은 아주 위험한 곳이어서 바위들이 떨어지곤 합니다." 지도를 보며 위치를 가르쳐주는 그녀는 정밀한 지도를 제작하기 위해 모든 길을 직접 걸으면서 눈으로 확인했다. "직접 걸어보고 GPS로 기록해야 정확도가 높고 위험한 부분을 정확히 표시할 수 있습니다." 그렇게 해야 지도가 만들어지는 것은 어찌 보면 당연한 일이다. 걸어본 모든 길을 있는 그대로 기록하기. 다른 방식으로 대체할 수 없는 정공법이다.

책과 함께하는 문화 공간
하드리아누스 도서관(Hadrian's Library)

하드리아누스 도서관은 로마시대의 다양한 철학과 사상의 격전장이었다. 이 거대한 도서관은 그 중심이었다. 아크로폴리스 북쪽, 로만 아고라 옆에 하드리아누스 도서관이 있다. 로마 오현제(五賢帝) 중 한 사람인 하드리아누스 황제(Publius Aelius Hadrianus, 재위 117~138년)가 세웠다. 동쪽 회랑을 따라 나 있는 5개의 방 중에서 가운데 방이 도서관이다. 이곳에는 파피루스로 된 책들이 보관되었고 독서실이나 강의실도 있었다고 한다. 132년경에 지어졌지만 헤룰리(Heruli)족의 습격(267년) 때 대부분 파괴되었다가 407년부터 412년 사이에 복원되었다. 하드리아누스 도서관 앞쪽 출입구는 높이 솟은 기둥들이 웅장한 자태를 뽐내고 있다. 출입문 벽을 따라 서 있는 기둥들은 코린트 양식(Corinthian order)이다(아크로폴리스 동쪽 방향에 있는 제우스 신전과 더불어 대표적인 코린트식 기둥을 자랑한다). 도서관 내부에는 도리스식(Doric) 기둥이 일부 남아 있다고 한다.

메테오라 지역의 독특한 도서 문화

book & culture

하늘의 기둥에 정착한 은둔자의 삶
아기오이 테오도로이 수도원(Agioi Theodoroi)

+ Add Holy Monastery of Agioi Theodoroi, Kalambaka 42200

골목 서점에서 벗어나 그리스 서점 여행은 중세시대로 거슬러 올라간다. 암벽 위의 공중도시 메테오라(Meteora)는 그리스에서 책이 처음 만들어진 곳이다. 그리스 북부 테살리아(Thessaly)의 트리칼라(Trikala)에 위치하고 있다(아테네에서 북서쪽으로 약 350킬로미터 떨어짐). 거대한 사암석의 바위산이 풍화작용으로 깎여 공중에 떠 있는 것처럼 만들어진 수도원이다. 15세기 말에 오스만 제국이 비잔틴 제국을 제압하고 그리스를 점령하자 그리스 정교회의 수도사들이 메테오라 바위 봉우리로 피해 은둔자의 삶을 살며 수도원을 지었다.

1988년 세계문화유산으로 지정돼 오늘날은 그리스 북부여행의 대표적인 관광지가 되었다. 15세기 말에는 24개의 수도원이 생겨날 정도였고 17세기까지 계속 번성했다. 지금은 아기오스 스테파노스(Agios Stefanos), 아기아 트리아다(Agia Triada) 등 6개의 수도원이 남아 있으며, 수도원 안에서 비잔틴 회화의 발전상을 만끽하게 하는 아름다운 프레스코화를 볼 수 있다.

곧 쓰러질 것 같은 위태로운 암벽에 만들어진 수행 공동체. 높은 바위산이라는 협소한 공간을 수행, 명상, 기도의 장소로 변모시킨 독특한 사례다. 신의 축복을 받은 수도원은 당시 모습을 그대로 유지하고 있다. 바위를 파서 만든 이 수도원의 보물 중 하나는 화려한 그리스 정교회 벽화다. 벽화 곳곳에 난 망치 자국은 뼈아픈 역사의 기억이기도 하다. "터키인들이 침략했을 때 벽화가 있던 모든 곳을 가렸습니다. 여기 보이는 것처럼 코팅을 했습니다. 터키인들의 지배가 끝난 후 이콘(성화)들을 찾기 시작했죠. 이곳저곳을 망치로 두드리면서요. 그래서 이렇게 이콘(성화)들이 손상을 입게 되었죠"라며 요시피아 수녀가 설명한다.

아기오이 테오도로이 수도원에는 피난 통로가 아직도 남아 있다. 수도원은 식민 치하에서 비밀학교 역할을 했고, 수도원에 지하 비밀통로를 만든 것도 그 때문이다. 터키인들은 그리스의 교회와 학교를 폐쇄했다. 아이들이 글을 배우는 것은 불법이었다. 그래서 아이들이 수도원으로 오면 수도자들이 몰래 책을 읽어주었다. 비밀학교는 아이들이 돌아다니는 게 들키지 않도록 주로 밤에 운영되었다. 역사의 암흑기에 한 줄기 빛이 되어준 비밀학교에서 진정한 보물은 역시 책이었다. 비밀학교의 교사를 자청한 정교회 신부들에 의해 그리스 문자와 문화는 다음 세대로 이어졌다. 그렇다면 비밀학교의 아

파손된 흔적이 고스란히 남아 있는 메테오라의 수도원은 자연적인 아름다움뿐만 아니라 영적인 아름다움을 전해주고 있다.

이들은 어떻게 달빛도 없는 어두운 밤에 이곳에 드나들 수 있었을까. 당시에는 수도원에 올라올 다른 방법이 없었다. 수도원으로 올라올 때 전통적 생활방식인 그물망을 사용했다. 그물망을 올리기 위해 이용하던 도르래도 남아 있다. 그물망과 도르래는 메테오라에서 제일 오래된 유물 중 하나다. 이렇게 그리스의 책은 절벽 위의 수도원을 중심으로 명맥을 유지했다.

GREECE — SANTORINI

SANTORINI

지중해의 낭만을 품은 섬
산토리니

매혹의 섬 산토리니는 그리스를 대표하는 섬 중 하나다. 하얀 종탑을 지닌 그리스 정교회들이 지중해의 푸른빛과 조화를 이루고 있다. 파란 지붕과 순백의 벽으로 꾸며진 집들, 아름다운 절경이 전 세계의 여행 애호가들을 불러모으고 있다. 고대에는 '가장 아름다운 곳'이란 뜻의 칼리스티(Kallisti)로 불렸다. 산토리니는 13세기경에 들어온 로마인들이 테살로니키 출신의 성녀, 산토 이레네의 이름을 따서 부른 데서 유래했다. 현재 산토리니는 화산 폭발로 섬의 가운데 부분이 가라앉아 동쪽으로 초승달처럼 갸름한 육지가 남아 있다. 산토리니의 본섬인 티라(Thira)섬의 경우 면적이 겨우 73제곱킬로미터라서 하루면 여유 있게 다 둘러볼 수 있다.

    푸른 하늘과 에게해, 새하얀 건물의 공존은 그림 속 풍경처럼 환상적이다. 가파른 절벽 위에 파란 지붕과 하얀 벽을 가진 집들이 옹기종기 모여 있다. 산토리니 안에 200개 넘는 교회가 있다. 특히 티라섬에서 우리에게 광고나 사진 등을 통해서 친숙한 마을은 이아(Oia)다. 산토리니의 상징과도 같은 곳, 이아는 북쪽 끝에 위치하고 있다. 시야를 방해받지 않는 탁 트인 전망이 일품이다. 일몰 풍경을 보기 위해 여행자들이 몰려드는데 이 모습 또한 장관을 이룬다. 산토리니를 여행하면서 흔히 볼 수 있는 건축 양식은 키클라딕 건축(Cycladic Architecture)이다. 일상적이고 관습적인 방식으로 그 지역의 기후와 통풍에 적합한 형태로 설계된 것이다. 절벽 위에 계단처럼 차곡차곡 쌓인 주택들이 독립적이지 않고 서로 연속성을 갖는 것이 특징이다. 아랫집의 지붕이 윗집의 마당이 되는 식으로 다닥다닥 붙어 있고 벽을 공유한다. 불규칙하거나 무계획적인 건축물이 모여 아름다운 조화를 이룬다는 점에서 감탄을 자아낸다.

ATLANTIS BOOKS 아틀란티스 북스

+ **Add** Nomikos Street, Oia, Santorini
+ **Email** hello@atlantisbooks.org + **Website** atlantisbooks.org

아테네에서 배로 출발한 지 여덟 시간 만에 목적지가 보인다. 신화와 낭만의 섬 산토리니 Santorini. 에게해에 점점이 뿌려져 있는 화산섬 가운데 하나인 산토리니는 긴 강낭콩처럼 생겼다. 푸른 바다와 절벽 위의 새하얀 집들이 절묘하게 어우러져 절경을 이룬다. 많은 그리스인들은 산토리니가 바닷속으로 사라진 대륙 아틀란티스의 일부라고 믿고 있다. 그리고 산토리니 이아 마을 절벽 위엔 전설의 섬 이름을 딴 서점이 있다. 이곳과 사랑에 빠진 여행자들이 의기투합해 만든, 여행자를 위한 서점 아틀란티스 북스다. 산토리니에 하나밖에 없는 유일한 서점. 〈내셔널 지오그래픽〉의 톱10 북스토어 리스트에 소개될 정도로 세계에서 가장 아름다운 서점으로 꼽힌다.

에게해의 진주를 품은 서점

에게해를 한눈에 내려다볼 수 있는 테라스가 있는 서점은 아주 소박한 욕망에서 출발했다. 2002년 봄, 관광지로 유명한 산토리니에 휴가를 즐기러 온 미국 출신의 20대 청년, 크레이그 월처 Craig Walzer와 올리버 와이즈 Oliver Wise는 이곳에 서점에 없다는 사실을 깨달았다. 산토리니에 일주일 동안 머물던 이들은 카드놀이를 하거나 책을 읽거나 경치를 보면서 하는 일 없이 시간을 보냈다. 그러다 읽을 책이 다 떨어지고 주변에는 형편없는 신문가판대만 보였다. 아마존이 배달하지 않는 곳! 이들은 반쯤 농담 삼아 "우리가 서점을 열어야겠어!"라고 외쳤는데 이는 곧 이들의 꿈이 되었다.

파란 문과 파란 책장이 하얀 벽과 산뜻하게 조화를 이루고 있는 서점 입구는 호빗 동굴을 연상시키지만 계단을 따라 어두운 곳으로 내려간다는 점에서 '이상한 나라의 앨리스'의 여행 같다는 느낌도 든다.

그래서 대학 졸업 후 힘을 합쳐 2004년에 서점을 열었다.

산토리니 절벽 위에 세워진 문학과 우정의 공간은 그렇게 시작되었다. 물론 외국인이 그리스에서 서점 허가를 받는 과정은 쉽지 않았고 관료적 장애물을 극복해야 하는 등 예상치 못한 시행착오가 뒤따랐다. 반면 서점을 환영하는 지역 주민들로부터 많은 지지와 도움을 얻으면서 희망을 가졌다. "먼 나라에서 이곳을 지키고 싶다고 찾아오는 사람들이 끊임없이 있다는 것은 기적 같은 일입니다." 이 과정을 월처가 2012년 TED 토크('예술적인 거짓말과 픽션의 선반 Artful lies and shelves of fiction')에서 상세히 밝힌 바 있다. 그들이 4만 달러로 서점을 처음 열었을 때는 침대와 책장뿐이었다. 세월이 흐르면서 이곳에 머문 젊은이들이 해변에서 가져온 돌들로 내부를 꾸미기 시작했다. 서점이 지하에 있다 보니 '호빗 구멍'으로 비유되는 서점의 입구와 계단을 내려가면 흰 천장에 소용돌이 모양으로 빽빽하게 적힌 이들의 이름이 눈길을 끈다. 또한 천장과 벽에는 다양한 인용문과 메시지가 정성스럽게 적혀 있다.

아틀란티스 북스의 옥상에서 본 경치가 무척 환상적이라고 소문이 나 있다. 관람객은 누구나 풍경을 확인하려 온다고 말할 정도다. 많은 이들이 방문해 소파에 앉아 책을 읽으면서 시간을 보내고 자연스럽게 풍경을 즐긴다.

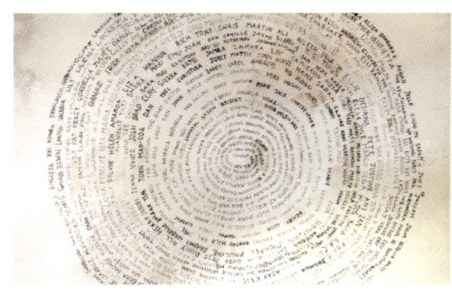 

서점 속으로 들어가면 흰 천장에 소용돌이 모양으로 빽빽이 적힌 이름이 마치 나무의 나이테처럼 이곳의 역사를 증명하고 있다. 천장과 벽에 지금까지 서점에 잠시 머물렀던 이들의 기록이 생생히 남아 있다.

지금까지 이곳에 잠시 머물렀던 이들의 흔적이다. 서점 일을 하며 먹고 자는 식으로 숙박을 해결할 수 있었다. 수많은 젊은이들이 여기서 책을 읽고 글을 쓰고 서점을 돌보는 일을 했다. 그 와중에 천혜의 자연과 함께하는 휴식은 자연스럽게 창작의 에너지가 되었다. 작가를 지원하는 이런 시스템은 조지 휘트먼George Whitman이 운영한 파리의 명물 서점, 셰익스피어 앤 컴퍼니에서 영감을 받았다(휘트먼의 텀블위드에 관해서는 〈장동건의 백 투 더 북스〉 1권 참조).

눈부신 태양과 에게해의 바람을 머금은 서점은 〈백 투 더 북스〉팀이 방문할 당시에는 팬데믹으로 인해 폐쇄 중이었다. 아무래도 아틀란티스 북스의 주요 고객은 관광객들이다. 영혼의 쉼터라는 명성을 듣고 일부러 찾아오는데, 팬데믹이 만들어낸 폐쇄가 책과 서점의 아틀란티스를 발견하고자 찾아온 이들에게 아쉬움으로 다가올 수밖에 없었다. 고양이의 놀이터가 된 옥상에는 서점이 문을 열던 시절의 흔적이 남아 있었다. 아틀란티스 북스의 고객들은 자신이 읽고 싶은 책을 사러 오기도 하지만, 자신이 이미 읽은 책을 놓고 가기도 한다. 세계 여러 나라에서 온 이 책들은 여행자들이 그렇게 두고 간 추억의 일부다. 팬데믹이 끝난 이후에는 예전처럼 스태프들이 정기적인 책 읽기와 시의 밤 등 문화 행사를 주최하고 있다. 문화적 만남의 장소로서 기능을 다시 회복 중이다. 바닷속 전설의 왕국을 떠올리게 하는 서점을 방문한 이들은 여전히 산토리니의 해 질 녘을 기다린다. 이 언덕은 세계 3대 노을 명소 중 하나로 절대 놓칠 수 없는 신비함을 선사한다.

서양 문명의 요람, 신화의 공간 크레타

동서로 길게 뻗은 모습의 크레타는 그리스에서 가장 큰 섬이자 지중해에서 다섯 번째로 큰 섬이다. 소위 유럽 문명의 발상지라고 불리는 곳이자 신비한 신화의 배경이 된 땅답게 소의 머리에 사람의 몸을 한 미노타우로스(Minotauros)의 전설과 미궁으로 친숙하다. 크레타 출신의 유명한 예술가로는 이라클리온에서 태어나 스페인을 대표하는 화가가 된 엘 그레코(El Greco, 1541-1614)와 대문호 니코스 카잔차키스(Nikos Kazantzakis, 1883-1957)가 있다. 크레타의 공항 이름에 카잔차키스의 이름을 붙일 정도로 크레타는 곧 카잔차키스의 터전이자 안식처였다. 일찍이 카잔차키스는 "한 번 부르면 가슴이 뛰고, 두 번 부르면 코끝이 뜨거워지는 이름… 내가 크레타 사람이라는 것은 기적"이라고 말했을 정도로 고향에 대한 애착과 자부심이 대단했다.

크레타의 위상은 고대 미노스 문명의 궁전인 크노소스(Palace at Knossos)에서 엿볼 수 있다. 3700년이 넘는 역사를 자랑하는 궁전은 규모 역시 대단하다. 요즘 건물 4층 높이에 방이 1200개가 넘는다(사실상 궁전 자체가 일종의 미로다). 화려한 색을 사용하는 벽화, 견고한 토목기술을 자랑하는 곡물창고와 배수시설은 현대인이 봐도 놀랄 만한 수준이다. 모두가 크레타의 부유한 경제력 덕분이다. 크레타의 전성기엔 그리스 도시국가공동체를 이끌던 아테네도 조공을 바쳤을 정도다. 이곳 벽화에서 볼 수 있듯이 큰 키와 잘록한 허리를 가진 부유한 크레타인들은 부러움과 두려움의 대상이었다. 미노타우로스의 전설도 이런 역사를 배경으로 생겨났다. 아테네는 9년마다 처녀 일곱, 총각 일곱을 미궁에 사는 괴물 미노타우로스에게 바쳐야 했다. 이 미궁이 얼마나 복잡한지 한번 들어간 사람은 다시 나올 수가 없었다고 한다.

CRETE

FOTODENTRO
Φωτόδεντρο

빛과 나무

+ **Add** Korai 21, Heraklion   + **Business Hours** (월, 수) 9:00~15:00 (화, 목, 금) 9:00~21:00 (토) 9:00~16:00
+ **Website** info@fotodentro.gr   + **Website** www.fotodentro.gr

"우리는 다른 것들에 신경 쓰지 않아요.
오직 좋은 책에만 집중합니다."
'크레타인의 스테레오타입'을 잘 보여주는 셔츠를 입은
드라문타니스 서점주는 아내와 함께
서점의 상황에 대해 설명한다.

그리스 서점 기행의 마지막 여정은 크레타^{Crete}섬. 즉 그리스 신화의 보금자리이자 거칠지만 열정적인 크레타인들의 섬이다. 크레타에 도착하는 이들의 눈길을 사로잡은 것은 소설 〈그리스인 조르바$^{Zorba\ the\ Greek}$〉(1946)의 작가 니코스 카잔차키스의 흔적이다. 카잔차키스의 고향으로 널리 알려진 크레타섬은 고대 크레타 문명의 발생지이기도 하다. 특히 전 세계인에게 감동을 준 1964년 영화〈그리스인 조르바〉에서 배우 안소니 퀸이 소설 속의 조르바처럼 맹렬하게 춤을 추었던 무대다. 크레타섬의 수도 이라클리온^{Heraklion}. 이곳 사람들은 유난히 목소리가 크고 호탕한 게 특징이다. 얼굴과 몸집도 다른 지역 사람들과는 확연히 구분된다고 알려져 있다.

크레타의 모든 것을 알 수 있는 곳

크레타의 동네 서점이 궁금하다면 그 답을 '빛과 나무'에서 찾을 수 있다. 수도 이라클리온 중심가, 이라클리온 고고학박물관$^{Heraklion\ Archaeological\ Museum}$ 부근에서 1992년부터 서점을 경영해온 이곳의 터줏대감, 서점주 스테르기오스 드라문타니스$^{Stergios\ Dramountanis}$의 귀여운 셔츠가 눈에 들어온다. '100% Cretan' 그가 입은 셔츠의 그림은 크레타섬에 사는 크레타인의 전형을 보여준다. 긴 수염, 콧수염 그리고 나무 지팡이 카추나가 그려져 있다. 크레타에서 나고 자랐다는 서점주는 고향에 대한 애정이 남다르다. 수집하고 판매하는 책도 크레타에 관한 것이 대부분이다.

"〈에로토크리토스^{Erotokritos}〉는 크레타와 그리스 문학의 제일 중요한 시입니다. 유럽 문학에서 10세기 이후로 제일 중요한 글 중의 하나입니다. 크레타에서 중요한 책은 바로〈크레타 풍경의 창조$^{The\ Making\ of\ the\ Cretan\ Landscape}$〉(작가 올리버 랙햄과 제니퍼 무디, 1997년 출간)입니다. 어떻게 크레타섬이 만들어졌는지 어떤 섬인지에 대해 알려줍니다. 또 하나의 매우 중요한 책은〈크레타 여행〉입니다. 저자 엘피스 멜레나$^{Elpis\ Melena}$는 독일 여성이고, 1866년부터 1870년까지 크레타섬을 여행하면서 그 여행에 대해 글을 남겼고 최초로 크레타의 전통 시를 책에 써서 알려줍니다. 그분은 4년 동안 크레타섬에서 여행을 했는데 당시 크레타의 모습도 담았죠. 그분은 그리스를 사랑했습니다. 덕분에 사상 최초로 책에 크레타 시가 등장했습니다"라며,

GREECE — CRETE — **FOTODENTRO**

이 서점의 벽에는 시, 철학, 역사 등 단어가 그리스어로 적혀 있다. 그리고 지하실 아래로 내려가라는 화살표 그림을 발견할 수 있다. 서점주가 추천하는 서점의 지식창고가 바로 지하에 존재한다.

드라문타니스는 크레타에서 꼭 읽어야 할 책을 자세히 소개한다.

서점주가 사랑하고 존경하는 작가들이 많지만, 첫손가락에 꼽는 작가는 따로 있다. "니코스 카잔차키스. 그의 작품은 온 세계에 번역되었고 아주 오래 전에 한국에서도 번역되었습니다. 이것은 그의 시 〈오디세이 The Odyssey〉입니다. 물론 그는 호메로스의 〈오디세이〉를 번역하기도 했습니다. 이 책은 옛날에 발행됐어요. 1940~50년이요. 책 표지가 옛날 것이죠." 이 서점의 매출 1위 도서는 단연 카잔차키스의 소설이다. 카잔차키스의 책은 여전히 많이 팔린다. 그리스의 모든 소설가 중에서 가장 사랑받는 불멸의 존재다. 그리고 유일하게 모든 작품이 전 세계에 번역되어 있다. "카잔차키스를 제대로 알려면 크레타에 꼭 와야 합니다. 안 오면 카잔차키스를 알 수 없습니다. 먼저 책을 읽고, 그 후에 이해하려면 크레타에 와서 보고 역사를 알고 여기를 걸어봐야 합니다." 카잔차키스 예찬이 끝나자 철학과 역사에 가까워지고 싶으면 지하로 내려가보라고 안내한다. 유럽 최초의 철학과 역사 그리고 시는 고대 그리스에서 태어났다. 서점주가 알려주고 싶은 건 그리스가 유럽 인문학의 꽃이라는 점이다. 그리스를 대표하는 시인, 철학자들의 책이 서가에 보기 좋게 진열되어 있다. 일찍이 카잔차키스는 죽기 전에 완성한 〈영혼의 자서전 Report to Greco〉에서 고백한 바 있다. "내 삶을 풍부하게 해준 것은 여행과 꿈이었다. 내 영혼에 깊은 골을 남긴 사람이 누구누구냐고 묻는다면 나는 이렇게 꼽을 것이다. 호메로스, 베르그송, 니체, 조르바." 그의 고향, 작은 서점에서 카잔차키스의 깨달음을 이해하기 위해 그가 사랑했던 이들의 책을 읽는 것도 또 다른 여행으로 나아가는 방법이 될 것이다.

서점 건물 안쪽에는 서점주가 살고 있는 집이 있고, 드라문타니스와 아내 리나 아나그노스타키 Lina Anagnostaki는 서점을 운영해 아들 둘을 가르쳤다. 하지만 그리스의 국가 재정이 무너지면서 서점 운영도 큰 타격을 입었다. 경제 상황이 어려워졌고 심각한 상황이 찾아왔다. 다음 세대는 더 적은 월급을 받고 일할 수밖에 없는 처지다. 그럼에도 그들은 끊임없이 싸우며 노력 중이다. 옛날 책들을 구하고 아내와 아이들의 도움을 받으면서 최선을 다하고 있다. "버틸 수 있을 만큼 버틸 겁니다. 우리는 끝까지 책과 같이해야죠. 우리는 단지 좋은 책이 있는 것이 중요합니다. 항상 그랬어요. 서점을 열었을 때처럼 우리가 버틸 수 있을 때까지 계속 그럴 거예요."

책과 함께하는 문화 여행

book & culture

위대한 크레타인, 카잔차키스를 만나러 갑니다

+ **Add** Myrtia 70100, Archanon-Asteriousion Municipality, Heraklion   + **Website** www.kazantzaki.gr

"그는 공중으로 뛰어올랐다. 팔다리에 날개가 달린 것 같았다. 바다와 하늘을 배경으로 한 채 온몸을 던져 위로 솟구쳐 오르는 모습이 흡사 반란을 일으킨 대천사처럼 보였다. (...) 조르바가 춤추는 것을 보고 있으니, 인간이 자신의 무게를 이기기 위해 펼치는 그 환상적인 몸부림이 처음으로 이해되었다. 나는 조르바의 끈기와 그 날램, 긍지에 찬 모습에 감탄했다. 그의 기민하고 맹렬한 스텝은 모래 위에다 인간의 신들린 역사를 기록하고 있었다."

〈그리스인 조르바〉 중에서

이라클리온에서 약 16킬로미터 떨어진 미르티아(Myrtia) 마을에는 카잔차키스의 발자취를 따라가는 길이 있다. 들판에선 올리브 나무가 끝없이 펼쳐지고 뜨거운 태양 아래 열매들이 익어간다. 그리스에서 올리브 생산이 가장 많은 곳이 크레타섬이다. 이 마을은 조상 대대로 올리브 농사를 짓고 있지만 카잔차키스 마을로 더 유명하다. 벽에는 'ΟΔΟΣ ΝΙΚΟΥ ΚΑΖΑΝΤΖΑΚΗ'라는 식으로 카잔차키스의 이름이 붙어 있는데 골목의 이름들이 참 재미있다. 카잔차키스가 쓴 책의 제목도 있고, 주인공 이름도 있다. 물론 골목 안쪽에서는 벽화도 볼 수 있다. '20세기 문학의 구도자'로 불리는 카잔차키스의 명언이 마을의 수호자처럼 함께한다.

"최고로 행복한 상황에서 겪는 것들은 네가 말로 세울 수 없을 것이다. 하지만 그것들을 말로 세우려면 끊임없이 싸워라." 카잔차키스의 유산이 방문객을 환대하는 이곳에는 1983년에 세워진 니코스 카잔차키스 박물관이 있다. 소설가의 인생과 후대에 미친 영향을 살펴보는 이 박물관에는 카잔차키스가 쓴 책과 편지들, 안경과 여행가방 같은 손때 묻은 개인용품이 보관되어 있다.

베네치아 성벽(Venetian Walls)은 항구와 이라클리온의 구시가지를 삼각형 모양으로 둘러싸고 있다. 이 성벽의 마르티넨고 보루(Martinengo Bastion)에서 보는 전경은 부족함이 없을 정도로 훌륭하다. 바로 이곳에 니코스 카잔차키스의 무덤이 있다. 그는 그리스도에 대한 독창적인 해석('의지의 힘으로 물질로부터 승리를 얻은 초인') 때문에 그리스 정교회로부터 파문을 당했고 교황청은 예수의 삶과 죽음을 담은 1955년 소설 〈최후의 유혹〉을 금서로 지정하기도 했다. 1957년 독일(서독)에서 죽은 카잔차키스의 유해는 아테네로 돌아왔다. 하지만 그리스 정교회는 파문한 그의 매장을 허락하지 않는 바람에 유해는 결국 고향으로 돌아와 성곽 위에 묻히게 되었다.

"나는 아무것도 바라지 않는다. 나는 아무것도 두려워하지 않는다. 나는 자유다."
I hope for nothing. I fear nothing. I am free.
Δεν ελπίζω τίποτα, δε φοβούμαι τίποτα, είμαι λέφτερος.

카잔차키스의 무덤은 그가 사랑했던 크레타가 한눈에 내려다보이는 자리에 있다. 그는 생전에 '자유'를 담은 묘비명을 미리 써놓았다.

장동건의 백 투 더 북스 3

BACK TO THE BOOKS

Season 3

Back to the books goes to the beautiful dream.

"〈장동건의 백 투 더 북스〉 시즌3이 2023년 가을에 돌아옵니다. 배우 장동건과 함께 전 세계로 서점 기행을 떠났습니다."

Argentina 아르헨티나

USA 미국

Hungary 헝가리

Taiwan 대만

DIRECTOR

다큐멘터리 감독 김태영(金台榮)

1987년 각본·감독·제작을 맡은 단편 영화 〈칸트씨의 발표회〉(국내 최초로 5·18을 소재로 한 영화)가 1988년 제38회 베를린국제영화제에 초청되며 한국 사회의 주목을 받았다. 5·18 연작 장편으로 1988년 12월 감독·제작한 〈황무지〉는 광주에 투입된 진압군 병사가 망월동 묘지에서 양심선언 후 분신하는 충격적 내용을 담고 있으며, 당시 보안사령부가 이 영화의 상영을 금지해 큰 파장을 일으켰다. 2020년, 광주민주화운동을 다룬 두 작품과 추가 촬영한 제작 비하인드 스토리를 한데 모아 만든 〈황무지 5월의 고해〉가 비로소 개봉됨으로써 '상영금지' 33년 만에 극적으로 부활했다.

1993년 독립제작사 인디컴을 설립해, KBS에 방영된 〈베트남 전쟁, 그 후 17년〉(3부작), 〈카리브 해의 고도, 쿠바〉(3부작), 〈세계영화기행〉(20부작), 〈생명시대〉(20부작) 등으로 독립프로덕션 시대를 열었다. 〈아시아 영화기행〉(EBS, 12부작)은 한국 최초로 '디스커버리 월드와이드 채널'에 5부작이 수출, 방송되었다. 2020년 〈장동건의 백 투 더 북스〉(JTBC, 4부작)를 한국 독립제작사 최초로 일본 NHK에 수출, 방송했으며, 이 작품은 2021년 제54회 휴스턴국제영화제 필름 다큐멘터리 부문 플래티넘 레미상을 수상하는 영예도 누렸다.

여러 대작 다큐멘터리를 제작하며 총괄·프로듀싱 및 연출한 작품들로 1993년 제29회 백상예술대상 TV비극부문상을 비롯해 한국 방송대상 3회 수상 및 한국방송프로듀서상 특별상, 제15회 골든디스크상 골든비디오부문 대상, 2017년 UHD 영상페스티벌 대상 최우수상, 2006년 KIPA 대상(방송위원장상), 1996년 문화체육부 장관 표창, 2016년 미래창조과학부 장관 표창 등을 받았다.

다큐멘터리 독립군의 외길을 가면서도 또한 새로움에 도전했다. 장동건과 나카무라 토오루 주연의 SF 블록버스터 영화 〈2009 로스트메모리즈〉(2002)를 제작해 성공을 거두었다. 각본·감독·제작한 판타지 다큐멘터리 영화 〈딜쿠샤〉로 제16회 전주국제영화제(2015)에서 라이징시네마 쇼케이스 관객상을 수상했으며, 제7회 DMZ국제다큐멘터리영화제(2016)에 초청받아 '지금 한국 사회에 꼭 필요한 영화'라는 찬사를 이끌어냈다. 1923년 9월, 도쿄 간토대지진 현장에서 일어난 조선인 제노사이드(집단학살)의 진실을 밝히기 위해 평생을 바쳐온 추적자들의 이야기와 100년간 철저히 봉인해온 일본의 '은폐 공작'을 최초로 공개하는 다큐멘터리 〈1923〉의 막바지 작업 중이다.

현재 제작자로서 광화문의 '촛불과 태극기' 속에서 빚어지는 궁상맞고 치졸한 가족 생존기 〈가화만사성〉을 제작 준비 중이며, 〈더 게임〉의 윤인호 감독과 영화 〈쇄빙선〉을 준비하고 있다.

SPECIAL THANKS

프리젠터	장동건
공동제작	오타 신이치(太田真一), 전월선
협조	톤 하르머스, 에블린 메르크스
	로이 리에스탑
	해롤드 즈발
	베리 보스훗, 내니 보스훗
	패디 스크리치
	메리 맨리, 스튜어트 맨리
	헨리 맨스, 숀 비텔
	루스 앤더슨, 로라 머스티안
	페트라 하르틀리프, 올리버 하르틀리프
	로베르트 쇼이젠가이어
	수잔 스타인프레슬
	로스비타 푹스
	요하네스 뮐러
	디터 타우슈
	스피로스 크세노스
	테오도르 바실로풀로스
	아레티 기오르길리
	디아만티스 디아만티디스
	이비 아다마코풀루
	스테르기오스 드라문타니스

THANKS TO

연출	조 진, 최규석, 백경민
조연출	김주혜
작가	박채정, 오정요, 박시온
촬영	김한성, 김경철, 조문희
음악	이영애, 윤용수, 이주원, 김수연, 김석철
	최현지, 문원우, 박지원
편집	김승태, 김동운
녹음	정희진
사진	임지민
해외 코디네이터	장혜경, 김지숙, 김규현, 한규완,
	성필규, 윤미원, 조희랍, 안길호, 안현호
번역	장혜경, 어정민, 조광현, 윤한비, 윤미원
	이대일, 김지숙, 조희랍
포스터 디자인	김규현
장동건 매니저	김종서
헤어	김지니
제작후원	박유진 신부(가톨릭문화원)
	김종선 사관(구세군연희영문)
인디컴	김진철, 윤인호, 김성열, 우규선, 임수진
	김명숙, 권남기, 염동복, 이은영
도움 주신 분	서천수, 이상록, 이강선, 이효영
	이창희, 이종문, 이상길

장동건의 백 투 더 북스 2

BACK TO THE BOOKS
SEASON 2

펴낸이	김태영
글 사진	〈장동건의 백 투 더 북스〉 제작팀
기획	김태영
편집장	전종혁
편집팀	민혜경, 김은혜
교정	안순희
영문 교정	윤서연
디자인	전인재, 주경아
인쇄	유성드림
유통	휴먼스토리
해외 세일즈	Interconmedia International Co., Ltd

펴낸곳	(주)인디컴
등록일자	2016년 11월 3일
신고번호	제2016-000307호
주소	서울시 마포구 토정로32길13 구매시설동 501호
홈페이지	www.indecommedia.com
전화	02-712-1006

발행일 2023년 10월 13일
값 22,000원
ISBN 979-11-976846-1-6 03900

BACK TO THE BOOKS is published by indecom.
All rights reserved. Reproduction in whole or part without written permission is strictly prohibited.
이 책의 글과 그림, 사진 등의 모든 콘텐츠는 인디컴의 소유이며 동의 없이 사용할 수 없습니다.
BACK TO THE BOOKS ©2023 indecom

이 제작물은 아모레퍼시픽의 아리따글꼴을 사용하여 디자인 되었습니다.